Allegro A1

Guida per l'insegnante

von
M. Gloria Tommasini

vhs
Rückgabe an die VHS DA-DI nach
Ende der Nutzung für den Unterricht
Bitte in das Buch nicht hineinschreiben
und es sorgfältig behandeln!

Ernst Klett Sprachen Stuttgart

Allegro A1

Guida per l'insegnante

von
M. Gloria Tommasini, Kursleiterin
an der Università per Stranieri in Perugia

1. Auflage 1 7 6 5 4 | 2012 11 10 09

Alle Drucke dieser Auflage können im Unterricht nebeneinander benutzt werden, sie sind untereinander unverändert. Die letzte Zahl bezeichnet das Jahr dieses Druckes.

Internetadresse: http://www.klett.de

Redaktion: Elisabetta Nöldeke
Gestaltung: Andrea Schmid
Einbandgestaltung: C. Schneyer, S. Kassler
Umschlagfoto: Imagebank
Reproduktion: Meyle + Müller,
Medien-Management, Pforzheim.
Druck: Gutmann + Co. GmbH, Talheim

ISBN 978-3-12-525553-1

9 783125 255531

Inhalt

01/2010
Vhs Diebg,
ma è x me?

Introduzione

Che cos'è Allegro?

Allegro è un'opera multimediale per l'apprendimento della lingua italiana. È costituita da un libro dello studente con libro degli esercizi integrato, una guida didattica, CD o cassetta, un quaderno di esercizi supplementari e componenti online.

I destinatari

L'opera è rivolta ad un pubblico adulto che si avvicina per la prima volta allo studio della lingua italiana. È adatta a principianti con o senza conoscenze preliminari che desiderano saperne di più sull'Italia, la sua lingua, la gente e il modo di vivere.

Gli obiettivi

Allegro si propone di offrire un panorama sul mondo italiano analizzando in particolare la componente linguistica nel merito di contesti non astratti ma fortemente legati alla realtà della vita e del modo di comunicare degli italiani in tutte le sue forme.

La concezione di Allegro

Il metodo

Allegro fa tesoro di quanto è stato detto, scritto, discusso fino ad oggi sui principi della didattica e sulla validità dei metodi di apprendimento, accoglie suggerimenti diversi senza sposare nessuna dottrina, nella convinzione che sia preferibile prendere il meglio di tutto e non costringersi in schemi fissi e riduttivi. *Allegro* predilige le idee nuove ed è basato su una filosofia di apprendimento orientata essenzialmente agli obiettivi e alle necessità dello studente.

L'approccio, prevalentemente comunicativo, prevede comunque momenti dedicati alla fase di riflessione e fissaggio delle strutture apprese, soddisfacendo in tal modo il desiderio di chiarezza tipico degli adulti. L'estrema accessibilità dei diversi materiali rende la loro fruizione piacevole ed efficace, ha un effetto incoraggiante e motiva lo studente a proseguire nei suoi intenti senza sottoporlo a sforzi inutili e frustranti. *Allegro* vuole essere un libro «facile», nel senso che si pone la meta di agevolare il percorso di apprendimento con ogni mezzo possibile. Tanto per fare qualche esempio:

- libro dello studente, libro degli esercizi, grammatica e vocabolario in un solo volume rendono la consultazione del materiale molto più pratica, danno allo studente la sensazione rassicurante di avere tutto a portata di mano e di non perdersi tra volumi cosparsi di appunti che non si ritrovano mai al momento giusto;
- il materiale è suddiviso in «dosi» pensate e preparate sulla base di una lunga riflessione. La preoccupazione è sempre quella di non proporre ostacoli insormontabili o comunque scoraggianti, affinché lo studente acquisti sicurezza in se stesso e nelle proprie capacità. Quando si pone una domanda al corsista non si vuole mai sottoporlo ad un esame, ma lo si invita piuttosto ad analizzare il materiale su cui si sta lavorando perché questo contiene sicuramente la risposta;
- In *Allegro* l'uso della lingua in apprendimento è dosato con molta attenzione. All'inizio si è cercato di non sottoporre gli studenti a sforzi inutili. Allo scopo di mantenere viva l'attenzione su fattori quali discussione, interpretazione e comprensione del materiale in oggetto si è scelto di scrivere in tedesco le domande che accompagnano le immagini della prima pagina e i testi input nonché le istruzioni relative alle attività. Lentamente però si «scivola», quasi senza accorgersene, verso un uso sempre più frequente dell'italiano. Per esempio, a partire dalla lezione 7 le domande di discussione e comprensione che accompagnano la prima pagina e i testi input sono in italiano. Anche nei ripassi si assiste al passaggio graduale dal tedesco all'italiano: prima si introducono solo alcune parole o espressioni italiane, preferibilmente quelle «universali» nella pagina di civiltà, poi arrivano le istruzioni relative alle attività in italiano e infine, nel ripasso della lezione 12, il tedesco scompare anche dalla pagina ITALIA & ITALIANI.
- *Allegro* è concepito come un manuale da trattare nel corso di due semestri. La compattezza dell'opera permette agli studenti di non perdersi per strade lunghe e tortuose di cui non si intravede la fine, ma li invita a rimanere in ballo nel corso di un'esperienza in cui la meta è vicina e raggiungibile. E la sensazione di arrivare all'ultima pagina sapendo di cosa si parla in quelle precedenti è un ottimo stimolo ad andare avanti.

Il layout

Aristotele nella sua *Metafisica* sostiene: *Tutti gli uomini tendono per natura alla conoscenza: ne è un segno evidente la gioia che provano per le sensa-*

zioni, giacché queste, a parte l'utilità che ne deriva, sono amate di per sé, e più di tutte è amata quella che si esercita mediante gli occhi. Infatti noi preferiamo, per così dire, la vista a tutte le altre sensazioni, non solo quando miriamo a uno scopo pratico, ma anche quando non intendiamo compiere alcuna azione. E il motivo sta nel fatto che questa sensazione, più di ogni altra, ci fa acquistare conoscenza e ci presenta con immediatezza una gran quantità di differenze. Lo spirito di *Allegro* è quello di far tesoro di tutti i suggerimenti e così si è accolto anche quello del grande filosofo di Atene attribuendo un'importanza fondamentale alla grafica e al materiale fotografico o illustrativo del libro.

Allegro ha un aspetto invitante, chiaro e funzionale, permette allo studente di orientarsi facilmente, è ordinato. Alcuni elementi, quali ad esempio quelli grammaticali vengono proposti all'interno di specchietti che dopo poco tempo assumono un carattere familiare per lo studente, gli permettono di riconoscerli e di immaginarne il contenuto prima ancora di trattarli. Le parti evidenziate con i colori, quali ad esempio il *Prendete appunti*, sono basate sullo stesso principio dell'evidenza ottica e offrono il vantaggio di poter essere ritrovate in pochissimo tempo. I passi tematici sono contrassegnati da lettere (A, B, C) e al loro interno contengono diverse attività numerate progressivamente (1, 2, 3). I simboli facilitano il riconoscimento delle diverse attività:

CD o cassetta

→1 numero della traccia sul CD

lettura

attività di fissaggio nella guida didattica

link in Internet

Le fotografie e le illustrazioni hanno la funzione di introdurre un argomento partendo da elementi spesso noti allo studente o di accompagnare dei testi al fine di agevolarne la comprensione, fornendo informazioni che non hanno bisogno dell'intermediazione linguistica. Inoltre la possibilità di collegare un testo ad un'immagine permette di ricordarne i contenuti con maggiore facilità.

Allegro e le sue parti

Il libro dello studente

- 12 lezioni di cui 8 lezioni di 10 pagine e 4 ripassi di 4 pagine ciascuno
- libro degli esercizi integrato al testo con le soluzioni
- ricapitolazione degli strumenti comunicativi a pagina 9 di ogni lezione
- grammatica tabellare a pagina 10 di ogni lezione
- vocabolario suddiviso per lezioni
- lista alfabetica dei vocaboli
- grammatica sistematica in appendice

Il CD o la cassetta

- tutti i dialoghi stampati nel libro dello studente
- testi di ascolto «spontanei», che fanno parte del materiale autentico e sono volti a esercitare le strategie di comprensione. Questi testi sono trascritti nel manuale dell'insegnante ma non sono stampati nel libro dello studente al fine di non distrarlo durante l'ascolto e di non diminuire la sua motivazione a concentrarsi con la certezza che le lacune possono sempre essere riempite, leggendo in un secondo momento. In fondo anche nella vita è così: *verba volant.*
- esercizi di pronuncia
- esercizi di comprensione auditiva, non stampati nel libro dello studente ma solo sulla guida. Non si tratta di testi spontanei, bensì di brevi esercizi miranti a consolidare la comprensione di un determinato fenomeno.

Il quaderno degli esercizi supplementari

- esercizi integrativi da svolgere a casa
- le chiavi degli esercizi
- intercultura, ovvero informazioni di civiltà
- preparazione all'esame di certificato

La guida per l'insegnante

- introduzione all'opera e consigli per lo svolgimento della lezione
- schema riassuntivo, all'inizio di ogni passo, sul tema, il lessico e la grammatica trattati, il materiale necessario per svolgere le attività indicate e, eventualmente, gli obiettivi
- suggerimenti relativi all'utilizzo dei diversi tipi di testi ed esercizi
- attività di fissaggio delle strutture grammaticali e comunicative
- proposte di attività introduttive, alternative e supplementari
- trascrizioni dei testi non stampati nel libro dello studente
- materiali da fotocopiare per attività ludiche e di ricapitolazione

I link

Visitando in Internet il sito della casa editrice (www.klett.de/erwachsenenbildung), alla voce *Allegro* è possibile trovare dei link che offrono approfondimenti e informazioni rispetto agli argomenti trattati nel corso delle lezioni.

Il libro dello studente

La lezione

Lo svolgimento di una lezione avviene nel corso di circa due o tre lezioni di 90 minuti ciascuna. Ogni lezione è composta da dieci pagine a cui se ne aggiungono altre sei nel libro degli esercizi integrato.

Pagina 1: la prima pagina introduce l'argomento della lezione e qualche elemento linguistico ad esso relativo. Lo spazio è quasi completamente occupato da una o più immagini e invita gli studenti ad avvicinarsi all'argomento partendo da un contesto conosciuto o riconoscibile che non comporta sforzi o preoccupazioni, ma stimola piuttosto la fantasia, la capacità di immaginare situazioni o di collegarle a momenti vissuti. Al fine di scaricare la tensione rispetto al nuovo, gli elementi linguistici sono sempre comprensibili mentre le domande sono in tedesco fino alla lezione 6 e poi in italiano. La prima pagina è concepita come introduzione e come tale deve essere usata.

Ci sono possibilità diverse per trattarla insieme agli studenti. Ad esempio:

- si può fare una fotocopia su un lucido e proiettarlo in classe. Si copre buona parte dell'immagine e si lascia vedere solo il titolo con qualche altro elemento. Gli studenti formulano ipotesi sull'argomento di cui si parla nel corso della lezione e tali ipotesi diventano sempre più fondate mano a mano che si rivelano nuovi elementi dell'illustrazione;
- si può scrivere il titolo della lezione alla lavagna e discutere del possibile argomento trattato raccogliendo tutte le parole che gli studenti già conoscono in proposito;
- si possono cancellare con il bianchetto alcuni elementi dall'immagine (per esempio qualche città famosa dalla cartina d'Italia della lezione 2) o qualche vocabolo che risulta sicuramente noto. Si fanno delle fotocopie e si chiede agli studenti di reinserire gli elementi mancanti e di aggiungerne altri che a loro parere potrebbero essere contenuti sulla pagina;
- si fa una fotocopia della pagina e la si taglia in maniera che ogni parte contenga un elemento riconoscibile. Si consegna un ritaglio per ogni coppia di studenti. Si apre un giro di consultazioni in cui gli studenti non possono ricostruire l'immagine a mo' di puzzle, ma solo descrivendo ciò che è in loro possesso risalgono all'argomento della lezione e all'immagine che lo introduce.

Pagine 2–8: le pagine da 2 a 8 sono quelle in cui vengono offerti gli input di diversa natura.

Gli **input** comprendono sempre una quantità limitata di materiale linguistico nuovo che viene poi ampliata progressivamente fino a completare il quadro con tutti i suoi tasselli. Collegata agli input è spesso presente una *domanda* che ha lo scopo di guidare all'apprendimento induttivo in maniera naturale. I testi di input sono sempre stampati e possono essere costituiti da dialoghi o letture, ma anche da elementi grafici. Per ogni passo tematico, contrassegnato da una lettera, c'è un input che rappresenta un testo portante. Le diverse attività, contraddistinte da numeri, possono prevedere l'inserimento di lessico nuovo ma mai di materiale grammaticale. La loro funzione è quella di ampliare il tema esercitando tutte le abilità linguistiche.

Gli **ascolti input** sono concepiti come testi da ascoltare e non come attività di ascolto miranti alla comprensione dei contenuti. La domanda che spesso li precede infatti ha esclusivamente funzione di discriminazione acustica. È consigliabile far ascoltare i testi una prima volta a libro chiuso allo scopo di abituare gli studenti a sentire la lingua, ad immaginare, ad allenarli all'ascolto senza interrogarli su ciò che hanno capito. Durante il secondo ascolto il libro è aperto, ma per il momento si osservano solo gli elementi che accompagnano il testo, come ad esempio immagini, titoli e sottotitoli. Il terzo ascolto, infine, è accompagnato dalla lettura contemporanea o successiva del testo. Far ascoltare i testi più volte aiuta in ogni caso a familiarizzare con le parole, l'intonazione, le espressioni della nuova lingua, per cui è sempre positivo.

La **domanda collegata al testo di input** è formulata in tedesco fino alla lezione 6, dopodiché è in italiano. La risposta al quesito è presente nel testo di input per cui gli studenti non avranno difficoltà ad individuarla e potranno concentrarsi maggiormente su ciò che stanno imparando invece che sulla ricerca di altre informazioni. La chiarezza della sua formulazione alleggerisce il compito dell'insegnante. Al fine di fare il migliore uso possibile di questa domanda è consigliabile non farla mai precedere alla fruizione del testo input affinché gli studenti siano ricettivi alla completezza del testo e non si concentrino solo sulla risposta alla domanda. Dopo che l'input è stato trasmesso la domanda può essere messa in risalto in maniera che rimanga più impressa alla memoria degli studenti. Ad esempio:

- la si può scrivere in grande alla lavagna lasciando agli studenti il tempo per dedurre individualmente la risposta dal testo. Al termine si possono raccogliere le soluzioni suggerite e discuterle insieme;
- la si può scrivere con caratteri grandi su un foglio, fotocopiarlo e distribuirlo agli studenti affinché vi scrivano la loro risposta. I fogli vengono scambiati e ogni studente prende in esame l'elaborato di altre persone e lo mette a confronto con il proprio. Al termine si fa un riscontro in plenum;
- gli studenti formulano la loro risposta in coppia. I partner delle coppie si scambiano in modo che la risposta venga ridiscussa.

Gli **specchietti grammaticali e comunicativi** hanno lo scopo di evidenziare le strutture grammaticali e comunicative presenti nei testi di input. Qualora siano entrambe presenti la parte grammaticale è a sinistra e quella comunicativa a destra. Gli specchietti presentano sempre delle parti che devono essere completate dagli studenti con informazioni che si possono facilmente dedurre dai testi di input. La loro chiarezza e il fatto che siano evidenziati in verde e spesso accompagnati da una domanda che permette di riflettere sulle forme, agevolano l'apprendimento delle strutture in esame. L'approccio del materiale grammaticale è basato sulla filosofia dell'apprendimento induttivo, quindi è necessario lasciare agli studenti il tempo per risalire alla regola con riflessioni personali o di gruppo e mai spiegarla anteriormente. Anche gli specchietti possono essere messi in risalto con delle attività supplementari, soprattutto quelli più complessi. Ad esempio:

- si riproduce lo specchietto alla lavagna e si assegna ai diversi gruppi di studenti il compito di riempirne parti diverse. Ogni gruppo suggerisce la sua ipotesi e gli altri devono dire se per loro è giusta o sbagliata;
- si lascia il tempo per completare individualmente lo specchietto dando luogo poi ad un'attività di consultazione con il vicino di destra e di sinistra in merito alle soluzioni pensate;
- si divide la classe in gruppi: ogni gruppo completa lo specchietto e tenta di dedurre la regola grammaticale. Le diverse regole vengono formulate e scritte alla lavagna. Al termine si discute e si ricostruisce la regola in plenum sulla base delle analisi fatte dagli studenti;
- mentre gli studenti completano lo specchietto individualmente, l'insegnante lo riproduce alla lavagna. Si passa ad un'attività in plenum in cui l'insegnante cancella di volta in volta un elemento e se ne lascia suggerire un altro per cui valga la stessa regola. Facciamo un esempio con lo specchietto di pagina 35: quale parola può sostituire *cappuccino* e avere le stesse desinenze al singolare e plurale? Un *tramezzino*! Un *bicchiere*? Uno *spumante*! Una *pasta*? Una *spremuta*! Un *caffè*? Un *tè*!

Il **dado** costituisce un momento di fissaggio dei nuovi elementi linguistici mediante attività diverse quali lavori di gruppo, giochi ecc. Nel libro dello studente compare solamente il simbolo del dado e l'attività relativa è indicata nella guida didattica. L'importanza di questi spazi non deve essere sottovalutata: è un importante esercizio in cui gli studenti sono chiamati a ripetere in modo abbastanza meccanico le strutture in apprendimento al fine di prendere confidenza con le stesse e poterle in seguito utilizzare con agilità. L'aspetto ludico delle attività diminuisce la tensione che accompagna la produzione linguistica contribuendo a creare un clima rilassato in cui ci si muove in maniera naturale e spontanea. Oltre al fissaggio, nella guida si propongono spesso attività supplementari o alternative che mirano invece al libero reimpiego del materiale linguistico. Anche questa fase è molto importante poiché spesso rappresenta una rara occasione per utilizzare liberamente quanto appreso per studenti che studiano la lingua nel loro paese e non in Italia dove gli stimoli e i contatti linguistici sono costanti.

Il **materiale autentico** (ascolti e letture) ha la funzione di allenare alla percezione della lingua nella produzione naturale e spontanea dei parlanti nativi. Si tratta di dialoghi non stampati da ascoltare o testi da leggere volti allo sviluppo delle strategie di comprensione. Le domande che li accompagnano guidano e favoriscono la ricerca di elementi orientativi. Chiaramente presentano un maggiore livello di complessità in quanto contengono elementi nuovi, non legati alla progressione lessicale e grammaticale prevista e che non devono assolutamente essere tematizzati da parte dell'insegnante. Non si pone l'accento sulla comprensione, ma sulla percezione. Ognuno capisce ciò che può e viene aiutato a capire di più mediante immagini e attività diverse. Molto spesso l'argomento è legato a elementi di civiltà e contesti tipicamente italiani per cui la curiosità stimola ad uno sforzo maggiore. Per lo studente deve essere chiaro che in questi momenti è chiamato ad una ricezione passiva e che mai verrà sottoposto a domande di controllo o alla riproduzione di testi simili. Per incoraggiare gli studenti si possono affrontare i testi in modo diverso. Ad esempio:

- chiedere agli studenti qual è il contrario di *capire*. Risponderanno *non capire*. Si può chiedere se esistono posizioni intermedie, come *capire un po'*, *capire qualcosa*, *capire abbastanza*, *capire quasi tutto*, *capire tutto*. Si possono scrivere queste unità di misura accanto ad un asse, disegnato alla lavagna, in cui *non capire* corrisponde allo 0% e *capire tutto* al 100%. A questo punto si può procedere per passi. Quanto si capisce solo guardando la pagina, le immagini, i titoli che accompagnano il materiale? Ogni studente esprimerà in percentuale il proprio livello di comprensione. Quanto aumenta il livello dopo una prima lettura o ascolto? A quanto si arriva al termine di tutte le attività previste per il trattamento di quel materiale? Una valutazione di questo genere aiuta gli studenti ad acquisire fiducia in se stessi, a saper giudicare le loro possibilità, li motiva a svolgere determinate attività che possono farli posizionare sempre più in alto, sull'asse della comprensione, li convince che capire non è un'azione isolata, ma un processo in cui gli elementi si vanno progressivamente chiarendo. La ripetizione di quest'attività mostra agli studenti i progressi fatti dato che nelle fasi successive del loro percorso partiranno subito da livelli di comprensione più elevati che all'inizio.

Le sezioni di **fonetica** (nelle lezioni 1, 2, 4 e in alcuni ripassi) propongono diverse attività legate alla pronuncia. L'attenzione è rivolta agli elementi fonetici estranei o diversi nella lingua tedesca, all'intonazione e alla pronuncia di parole e frasi. Lo scopo è quello di evitare l'assunzione di abitudini di pronuncia errate, difficili da rimuovere in fasi più avanzate. Per questo motivo si raccomanda di non sottovalutare l'importanza delle attività proposte. Si può trattare la fonetica in diversi modi. Ecco qualche esempio:

- far ripetere le parole in coro. La ripetizione in coro può apparire sciocca mentre in realtà fa cadere il blocco psicologico costituito dalla paura di rendersi ridicoli se si emette un suono sbagliato. Magari si può lasciar spazio al gioco e all'ironia e dividere il coro in più voci. L'insegnante scrive su dei foglietti alcuni elementi trattati nella lezione. Ogni piccolo gruppo di due o tre studenti si esercita a pronunciare quanto scritto sul foglietto consegnatogli. Al termine l'insegnante dirige il coro, dando l'avvio ai diversi gruppi! Gli «spartiti» possono essere scambiati tra i vari gruppi in modo che tutti abbiano l'opportunità di conoscere le varie sezioni del «concerto»;
- un gioco vecchio come il mondo, «Passaparola», può servire ad esercitare la fonetica. Si divide la classe in due gruppi e si invitano gli studenti a disporsi su due file. Ai due primi corsisti l'insegnante consegna un foglietto contenente la parola da esercitare. Ogni studente la sussurra all'orecchio del compagno. L'ultimo della fila ha un foglietto bianco su cui scrive la parola. Lo studente che era capofila va in fondo e si prosegue con un'altra parola. Quando tutti saranno stati almeno una volta al primo e all'ultimo posto, si raccolgono i foglietti e si attribuisce un punto per ogni parola scritta correttamente. Vince il gruppo con più punti;
- si divide la classe in due gruppi. L'insegnante detta parole tratte dalla sezione di fonetica in analisi. Gli studenti si consultano all'interno del gruppo e scrivono le parole su un foglietto. Al temine si scambiano i foglietti e ogni gruppo controlla l'elaborato degli altri.

Prendete appunti è un'attività che compare in ogni lezione e consente ai corsisti di fissare gli input ricevuti in una forma che ne facilita l'interiorizzazione in quanto avviene in maniera autonoma e senza pressioni esterne. Lo spazio predisposto per scrivere è già evidenziato in giallo, quindi è facilmente rintracciabile anche in momenti successivi, quando il livello sarà più alto, ma ogni tanto si andrà comunque indietro a rivedere qualche espressione incontrata all'inizio. È opportuno lasciare agli studenti la possibilità di riguardare le pagine precedenti, incoraggiarli a risfogliare spesso il testo. Ritornare in un secondo tempo sui luoghi già visitati è sempre positivo: aiuta a capire di più. Perché non invitare costantemente i corsisti a porre domande qualora ne sentano il bisogno e rispondere in plenum agli eventuali quesiti?

Si dice così: l'argomento della nona pagina, in ogni lezione, ne riassume i mezzi espressivi più importanti e presenta sempre un esercizio di ricapitolazione che permette il loro libero impiego. Gli schemi sono evidenziati in verde, chiari e di facile lettura, per cui anche in questa fase lo scopo è quello di agevolare il più possibile l'apprendimento del materiale linguistico nuovo. Nella guida didattica è proposta in ogni lezione un'attività volta alla creazione di un archivio personale in cui gli studenti ripongono materiale elaborato personalmente sia per i mezzi espressivi che per la grammatica.

Ricapitoliamo: per esigenze grafiche quest'attività precede il **Si dice così** sulla nona pagina di ogni unità. In realtà è consigliabile svolgerla quando gli studenti hanno già riflettuto sulle espressioni apprese durante la lezione. È addirittura preferibile rimandare il **Ricapitoliamo** all'incontro successivo, tanto per riscaldare l'ambiente con un contesto italiano conosciuto e riprendere il filo da dove ci si era lasciati, prima di immergersi nel nuovo!

Grammatica: contiene un riassunto schematico dei fenomeni grammaticali comparsi nella lezione. La pagina è suddivisa in piccoli schemi in cui sono riportati gli elementi grammaticali raggruppati per argomento. Alla spiegazione, in tedesco, si aggiungono altre indicazioni quali per esempio il puntino che indica l'accentuazione di una parola, o il neretto che evidenzia la diversità delle forme, il tutto affinché il risultato sia chiaro e accessibile.

Il vocabolario: in appendice al libro si trova un vocabolario per lezioni e una lista alfabetica di tutti i vocaboli. Allo scopo di fissare il vocabolario si possono prevedere delle attività diverse. Ad esempio:

- si distribuiscono tanti foglietti contenenti parole estratte dal vocabolario e altrettanti foglietti bianchi. Sui foglietti bianchi gli studenti fanno uno schizzo delle parole contenute nei foglietti ricevuti. Poi passano i foglietti con i disegni ai compagni e questi scrivono le parole accanto ad ogni schizzo. Al termine si fa un riscontro in plenum;
- si fotocopiano su un lucido immagini di oggetti presenti nel vocabolario o altre illustrazioni che possono essere messe in relazione alle espressioni presenti nel vocabolario. Si lasciano alcuni minuti a disposizione per leggere il vocabolario e analizzarlo. Si divide la classe in due gruppi e si proietta il lucido. Ogni gruppo scrive su un foglio le parole o frasi che associa alle immagini. Al termine si fa un riscontro in plenum.

Il ripasso

È una lezione composta da quattro pagine che può essere trattata in novanta minuti. Molto spesso, se non ci sono interruzioni di lunghi periodi, vacanze o altro, il ripasso viene trascurato in quanto non si sente il bisogno di tornare di nuovo su argomenti trattati magari appena due settimane prima. In *Allegro* il ripasso è importante e non a caso si è scelto di inserirlo ogni due sole lezioni (lezioni 3, 6, 9, 12).

Il percorso di apprendimento di una lingua è forse paragonabile alla scoperta di una città. Non basta aver percorso una sola volta le sue strade per poter dire di conoscerla. Certe sue parti hanno un aspetto completamente diverso alle nove del mattino e alle otto della sera. Le vie sono collegate l'una all'altra, si intrecciano o scorrono parallele, alcune sono più adatte alla macchina, altre ai mezzi pubblici. La gente che si incontra dà sfumature diverse alla vita, la ricorrenza di certe attività e manifestazioni scandiscono i ritmi. Imparare una lingua è un'esperienza simile. Ogni volta che qualcuno dice «Ah, adesso ho capito!», o ritrova un elemento noto è come se riconoscesse un monumento, ricordasse cosa contiene e i motivi della sua costruzione. Il ripasso si propone questo obiettivo: tornare sulle strade percorse per valutarle dalla prospettiva più congeniale ad ognuno, in modo che tutti possano individuare, riconsiderare, ampliare.

Le prime pagine della lezione di ripasso offrono lo spunto per attività volte all'interiorizzazione delle strategie di apprendimento utilizzate nelle due lezioni precedenti. Lo scopo è quello di focalizzare le suddette strategie per rinforzarle e renderle sempre più chiare allo studente. Ad esempio si propongono letture di materiale familiare che costituisce un ampliamento senza però presentare grandi difficoltà. A volte invece si introducono strategie nuove o attività di riepilogo.

Il ripasso prevede in genere un'attività ludica che libera gli studenti dalla tensione legata alla produzione attiva e li spinge ad esercitarsi nel reimpiego delle strutture apprese fino a quel momento. Le istruzioni dei giochi compaiono nel libro dello studente in tedesco. Sono stampate in appendice e il numero della pagina viene dato dopo le indicazioni di lavoro che accompagnano ogni gioco. Nella guida le istruzioni sono in italiano. L'ultima pagina, la quarta, introduce regolarmente temi di civiltà affini agli argomenti trattati nelle due lezioni precedenti. L'obiettivo di *Allegro*, come già specificato, è quello di fornire una competenza legata non solo alla lingua, ma anche alla cultura italiana intesa in senso lato. Questa sezione permette di approfondirne aspetti diversi, discutere i luoghi comuni noti nel mondo a proposito del *bel paese* e dei suoi abitanti, sfatare miti che non appartengono più alla realtà, fare confronti. La pagina di civiltà è in tedesco nelle lezioni 3, 6 e 9, in italiano nella lezione 12 (vedi pag. 4 di questa guida). Anche le altre parti del ripasso sono in tedesco poiché il loro obiettivo è quello di trattare quanto appreso da un'angolazione diversa, di offrire spunti di riflessione liberando dall'assillo di non capire.

La grammatica sistematica

In appendice si trova, oltre al vocabolario, anche una grammatica sistematica riassunta in tabelle. Molto spesso le pagine della grammatica dei libri d'italiano rimangono incredibilmente nuove rispetto alle altre sfogliate e dense di appunti. È un peccato. Gli schemi grammaticali sono uno strumento di grande aiuto per mettere in ordine gli argomenti trattati nel corso delle varie lezioni, ricapitolare, stabilire relazioni e somiglianze, riconoscere le eccezioni. Assegnare la lettura di qualche parte della grammatica come compito da svolgere a casa ha un sapore tradizionale, ma forse abitua lo studente all'uso di una risorsa messa a disposizione dal libro. Se poi ad ogni nuovo incontro si riservano cinque minuti per ridiscutere quanto è stato letto individualmente e ripetere o riassumere i punti salienti, il risultato è assicurato.

Gli esercizi

Ogni lezione è accompagnata da sei pagine di esercizi contenute nell'eserciziario integrato al libro dello studente. Questi sono concepiti come esercizi da svolgere individualmente e non in classe, per tale motivo sono sempre scritti, non prevedono ascolti o letture, non sono liberi e sono tutti controllabili mediante la chiave presente nel libro. Per garantire l'autonomia dello studente le istruzioni relative ai compiti da svolgere sono date in tedesco. Si tratta di un momento di riflessione ed esercitazione che lo studente esegue per conto proprio, in modo che le sue esigenze di tempo e consultazione di materiale siano pienamente rispettate. L'eserciziario è pensato ad uso e consumo del corsista che lo adatta ai suoi ritmi e preferenze. Si consiglia di non farne uso in classe e di riservare il tempo alle attività suggerite nel corso della lezione, volte comunque a fissare ed esercitare le strutture, ma in maniera più attiva e istintiva. Ciò non toglie che, qualora lo si ritenga opportuno, vi si può fare sempre ricorso durante la lezione, magari per controllare fino a che punto siano stati capiti gli argomenti trattati. È sempre opportuno affidare dei compiti per la volta successiva, indicando quali esercizi possono essere svolti. All'inizio di ogni incontro, si possono invitare gli studenti a riferire eventuali difficoltà o incertezze incontrate e se ne può discutere in plenum.

La lista alfabetica dei vocaboli

«Imparare i vocaboli» è una delle espressioni tipiche degli studenti di lingua straniera. Per molti un metodo superato, per altri una necessità. La lingua è una struttura e i vocaboli hanno significati strettamente dipendenti dal contesto, comunque conoscerne le possibili traduzioni nella propria madrelingua aiuta a capire. Consultare la lista dei vocaboli è pratico e spesso necessario, usarla per imparare non è un atteggiamento ottocentesco se si svolgono delle attività che rendono la cosa più entusiasmante. Ad esempio:

- un vecchio gioco, amato da tanti bambini è: *città, frutta, fiori ecc.* Si può adattarlo alla didattica della lingua. Gli studenti suddividono un foglio in cinque colonne: *aggettivi/avverbi, sostantivi, verbi, città, lingue.* Si lascia il tempo per leggere con attenzione la lista dei vocaboli nelle sezioni di alcune lettere, per esempio *b, c.* Si divide la classe in due gruppi e si danno tre o quattro minuti per riempire le colonne del foglio con parole che cominciano per *b* appartenenti alle rispettive categorie. Si procede con *c.* Una simile attività potrebbe essere svolta ad intervalli di due lezioni, non richiede molto tempo e soddisfa l'esigenza di apprendere il significato delle parole in maniera divertente.

Il CD o la cassetta

Il materiale auditivo presente nel CD e nella cassetta aiuta ad affinare le strategie di comprensione, abitua alla lingua parlata da persone di madrelingua, permette di esercitare la pronuncia e l'intonazione. È estremamente importante, soprattutto per studenti che non risiedono in Italia e che hanno quindi poche occasioni di contatto con la lingua italiana. Se gli studenti hanno la cassetta o il CD possono mettere a frutto qualsiasi momento utile, per esempio in auto, per ascoltare un po' di italiano. In classe è indispensabile far ascoltare i dialoghi più volte, ritornare sui passi più difficili. I dialoghi stampati nel libro dello studente possono essere letti dopo qualche ascolto e poi di nuovo ascoltati, quelli non stampati possono essere ricostruiti in coppia o in gruppo ascoltando più volte e raccogliendo sempre più informazioni utili alla loro comprensione.

Il quaderno degli esercizi supplementari

Il quaderno permette agli studenti di fare ancora più esercizi relativi alle lezioni svolte in classe e di verificarne da soli la correttezza grazie alle chiavi. Gli esercizi calibrati sul certificato offrono la possibilità di prepararsi all'esame di livello A1 nell'ambito del Quadro Comune Europeo di Riferimento. Inoltre il quaderno degli esercizi supplementari contiene la sezione «Intercultura», dei riquadri sparsi qua e là in cui si forniscono informazioni di civiltà. In particolare si sottolineano le differenze tra il mondo tedesco e quello italiano cercando di eliminare alcune convinzioni sul modo di vivere degli italiani che non corrispondono alla realtà. Aumenta la conoscenza dell'«italianità» anche il sapere che gli italiani non prendono mai il cappuccino a fine pranzo. Questo non significa che non lo si può fare, ma almeno non si deve pensare di «fare l'italiano». Un italiano non lo farebbe mai!

La guida didattica

La guida didattica costituisce un valido strumento di consultazione e ampliamento con numerosi spunti e suggerimenti sull'organizzazione della lezione e del lavoro in classe.

È costituita da dodici capitoli, ognuno relativo ad una lezione del libro dello studente, preceduti da un'introduzione generale. La suddivisione all'interno dei capitoli segue precisamente quella del libro dello studente con passi contrassegnati da lettere e attività da numeri.

- Ogni passo è introdotto da un piccolo **schema** in cui viene evidenziato *il tema, il lessico, la grammatica, il materiale necessario* per le attività di gioco e, se necessario, *gli obiettivi.*
- Per ogni attività si offre una proposta di **procedimento** con indicazioni, suggerimenti e consigli relativi alla sua presentazione. Qualora l'attività in questione preveda nel libro dello studente un riempimento, una domanda o un esercizio di diversa natura, al termine della proposta di procedimento viene sempre indicata la **soluzione** dei quesiti. Tutti i testi di ascolto non stampati nel libro dello studente sono trascritti nella guida.
- Molto importante è **il dado**. Si tratta di un fissaggio meccanico degli input nuovi mediante attività diverse che vengono proposte alla classe sotto forma di giochi, lavori di gruppo ecc.
- L'**attività introduttiva** rappresente una fase di riscaldamento rispetto ai temi che verranno trattati durante la lezione, invita gli studenti a porsi delle domande, crearsi delle aspettative e delle tracce di orientamento.
- L'**attività supplementare** e l'**attività alternativa** sono suggerimenti che ampliano l'offerta del libro dello studente mostrando altri modi possibili di utilizzo del materiale linguistico in apprendimento. Molto spesso queste attività, come pure quelle del dado, prevedono l'uso di materiale a parte che viene sempre indicato nella tabella introduttiva.
- L'**archivio mobile** è un invito a ricapitolare e raccogliere in maniera sistematica le forme espressive incontrate nella lezione al fine di creare materiale di consultazione personalizzato a cui lo studente può ricorrere in qualsiasi momento.
- Al termine di ogni lezione ci sono delle pagine da fotocopiare. Il **gioco**, vuole essere un modo di chiudere il capitolo in allegria, ritornando sempre a riflettere sugli argomenti della lezione ma con le «dovute distanze»! La **grammatica** è una proposta di ricapitolazione delle forme grammaticali e di trascrizione degli schemi in fogli da aggiungere all'archivio mobile.
- I riquadri grigi delle **informazioni** forniscono spiegazioni relative a elementi di civiltà o a immagini e argomenti presenti nel libro dello studente che possono servire ad arricchire la conoscenza

dell'Italia, della sua cultura, civiltà, geografia e altri aspetti della vita degli italiani.
- **Attenzione** compare qualora vengano introdotte forme nuove che non fanno parte della progressione grammaticale o lessicale. È un avvertimento per l'insegnante riguardo alle possibili domande che potrebbero essere formulate dalla classe e un invito a rimandarne le risposte a momenti successivi.

Allegro e Internet

Ogni volta che nel libro dello studente appare il simbolo del mouse è possibile trovare in Internet dei link con approfondimenti e informazioni rispetto agli argomenti trattati. Il sito è quello della casa editrice Klett: **www.klett-verlag.de**. Cliccando su **VHS/ Erwachsenenbildung** e quindi su **Italienisch**, si arriva alla pagina dedicata ad *Allegro*, che permette fra l'altro l'accesso virtuale alla realtà italiana in tutta la sua attualità. Ad esempio il mouse della prima pagina, nella lezione 1 si riferisce a un link contenente di tutto un po' a proposito di Perugia, mentre nel passo C della lezione 5 si offre il collegamento alle associazioni di uomini casalinghi. Navigare diventa così un passatempo fruttuoso!

«da insegnante a insegnante»

Radio libera ...: qualche cassetta con musiche adatte a situazioni diverse è uno strumento facile da reperire, che non pesa molto ma fa miracoli a livello di risultati. Il silenzio o il mormorio degli altri o i rumori della strada nei momenti in cui si svolge un'attività sono sicuramente molto normali, a volte fastidiosi. Una leggera musica come sottofondo invece è innanzitutto inaspettata all'interno di una classe e quindi crea la sorpresa. Con il tempo diventa una piacevole abitudine, trasforma l'aula in un luogo in cui ci si incontra e si parla con naturalezza, come in un locale. Siate pure un po' insegnanti e un po' DJ!

Siamo tutti Picasso: è sempre interessante, quando si producono materiali supplementari, raccogliere il tutto e fare una piccola esposizione alla lavagna o su un banco. Ciò aumenta l'interesse e la cura che i corsisti dedicano a quanto stanno facendo, aggiunge una fase ludica nel momento in cui ci si alza per andare a osservare «le opere» degli altri e rappresenta comunque un'opportunità di apprendimento in quanto si aggiungono al proprio elaborato le informazioni risultanti dai prodotti degli altri.

a-i-u-o-l-e: gli esercizi di fonetica compaiono solamente nelle prime lezioni. Si tratta di un'attività di importanza determinante in quanto aiuta gli studenti a chiarire fin dall'inizio qual è la pronuncia corretta di fonemi che spesso nella loro lingua hanno un comportamento diverso o sono inesistenti. A volte può sembrare elementare o forse imbarazzante ripetere delle parole, da soli o in gruppo, ma è efficacissimo al fine di evitare l'assunzione di abitudini di pronuncia errate che poi gli studenti mantengono a lungo o, nei casi peggiori, per sempre!

28 C° in mare: sono la temperatura ideale per fare il bagno. Un ambiente piacevole in classe dà l'impressione di nuotare nell'acqua tiepida. Tanti piccoli particolari contribuiscono a crearlo:
- aprire qualche minuto le finestre all'inizio della lezione serve a riossigenare l'aula e a limitare sbadigli contagiosi;
- scrivere in maniera chiara e precisa alla lavagna, usando gessi o pennarelli di colori diversi aiuta a focalizzare e memorizzare;
- disporre i banchi in maniera che gli studenti possano vedersi reciprocamente e non darsi le spalle favorisce le dinamiche di socializzazione;
- scambiare i partner e i gruppi durante i giochi di ruolo consente a tutti di fare conoscenza con tutti, aiuta i più timidi ad inserirsi, aumenta il senso di «famiglia»;
- alzarsi e venire al centro della classe fa sentire gli studenti attivi anche con il corpo, li fa conoscere da un'altra prospettiva, crea una situazione simile alla realtà. Nella vita non si parla sempre e solo da seduti!

La cassetta degli attrezzi: nella borsa di un insegnante libri, penne e fotocopie non mancano mai. Perché non aggiungere qualche cartoncino rigido, fogli colorati, forbici, pennarelli di tinte diverse, gessi (quando li si cerca, non ci sono mai!), musiche da sottofondo, dadi, nastro adesivo? Non pesano molto e sono di un'utilità incredibile. Averli a disposizione è come tirar fuori il coniglio dal cappello.

Se tu dai una cosa a me...: immaginate di moltiplicare i vostri libri, appunti, informazioni, conoscenze, cartoline, foto per tanti quanti sono gli studenti della classe. Attingere a questo enorme patrimonio, metterlo in comune è certamente un vantaggio. Invitare gli studenti a portare in classe materiali che di volta in volta si adattano agli argomenti trattati serve a renderli più attivi nella raccolta di tutto ciò che può essere messo in relazione al percorso di apprendimento e fa godere a tutti i risultati della ricerca personale.

Mi dispiace, non parlo tedesco: che siate di madrelingua italiana o meno, gli studenti non hanno fatto chilometri, preso l'autobus, parcheggiato la macchina, rinunciato alla palestra per sentir parlare tedesco: è la loro lingua, la sanno come o meglio dell'insegnante. Parlare italiano fin dal primo momento li abitua a suoni diversi che lentamente diventano familiari, a espressioni e esclamazioni caratteristiche dell'italiano come *benissimo*, *grazie*, *allora*, *mamma mia* usate in maniera spontanea e non come stereotipi, pezzi di lingua noti a tutti ma che pochi sanno utilizzare al momento giusto. Aggiungere poi qualche frase in tedesco se si deve spiegare una cosa importante e un po' difficile, tradurre qualche parola non è un dramma, se rimane l'eccezione e non la regola. Più si parla chiaro, scandendo le parole senza snaturarle, a voce alta e sempre rivolti alla classe, non alla lavagna, e sempre più spesso sarà possibile parlare in italiano.

Non lo so: è la reazione migliore a domande di cui non si conosce la risposta. Nessuno si aspetta il sapere universale da un insegnante, ma l'onestà è un obbligo. Ammettere di non conoscere un significato o non essere sicuri di una regola, promettere di cercare una risposta per la volta successiva vi rende più umani e vi fa guadagnare la stima degli studenti. Rispondere in maniera approssimativa è pericoloso. Dire «per il momento accettate questa forma così com'è» è preferibile a spiegazioni di parti troppo difficili in momenti sbagliati. Ma affermare «è così e basta» è riduttivo, sono pochi i fenomeni di una lingua che non si possono spiegare. Anche quello dell'insegnante è un percorso in cui la comprensione e la competenza aumentano con il tempo. Essere studenti con gli studenti è un piacere. Sedersi in mezzo a loro, non dall'altra parte della barricata, sorridere, mettersi in gioco farà stare meglio voi e loro.

Erano tutti figli miei: è un pezzo teatrale di Arthur Miller. I tipi umani sono diversi nelle loro sfaccettature, ma possono essere raggruppati in grandi categorie. In ogni classe ci sarà chi ama ascoltare e ha il terrore di parlare, chi di parlare non la smetterebbe più, chi vorrà farvi da mamma e chi da figlio, chi vi assillerà di domande pensando di capire di più, chi vorrà mettervi in difficoltà alla ricerca di rispetto e potere, uno più simpatico, l'altro più intelligente, uno che sa già cinque lingue straniere e confonde l'italiano con lo spagnolo, uno che non capisce il significato della parola *sostantivo*.

Il mondo è bello perché è vario e così è la vostra classe. Cercate di mettere a fuoco il carattere di ogni studente e andategli incontro, chiamatelo per nome, neutralizzate le sue resistenze o i suoi atteggiamenti eccessivi con tatto e gentilezza. Quando poi i vostri studenti saranno *cresciuti* e sapranno muoversi nel mondo italiano senza il vostro sostegno, potrete sempre dire: *Erano tutti figli miei!*

Il Fellini che è in voi: il compito dell'insegnante è allestire la scena, ricercare i materiali e i costumi adatti, predisporre un copione, fornire esempi ma non fare il primo attore. Voi l'italiano lo sapete, non dovete esercitarlo ma mettere a disposizione della classe gli strumenti utili per farlo. Date impulsi e ritiratevi in buon ordine. Lasciate che a lavorare, a muoversi, a fare esperimenti con gli strumenti che gli avete messo in mano siano gli studenti.

Vi auguriamo buon divertimento.
L'autrice e la redazione

LEZIONE 1 Come va?

La prima serata

Tema	Imparare a conoscersi
Materiale necessario	Fogli formato A4, pennarelli colorati, due fogli formato A3, un sacco o una busta di stoffa e una cassetta con musiche da sottofondo

Per rompere il ghiaccio: attività introduttiva

Obiettivo: nel corso di questa attività si cerca semplicemente di creare un'atmosfera rilassata e amichevole, di stimolare gli studenti ad essere attivi, a mettersi in gioco, a muoversi e a divertirsi.

Trattandosi del primo incontro entrerete sicuramente in una stanza dove un certo numero di persone, desiderose di apprendere l'italiano, stanno ad attendervi in silenzio. Si aspettano che voi facciate qualcosa, ma se fate tutto voi, si abitueranno così e questo non li aiuterà nel loro percorso di apprendimento. Adesso più che mai è necessario «rompere il ghiaccio», far muovere, sorridere e rendere attivi gli studenti. Se avete a disposizione una cassetta con un po' di musica che considerate adatta a fare da sottofondo, inseritela subito nel registratore appena entrate. Servirà sicuramente a creare subito un'atmosfera diversa e più piacevole. Lasciate che la musica accompagni lo svolgimento delle prime due sezioni delle quattro che compongono questa attività introduttiva (a, b, c, d).

Procedimento:

a) Distribuite i pennarelli colorati e i fogli formato A4 e chiedete agli studenti di ripiegarli e scrivervi il loro nome in modo da poterli disporre sul banco davanti a sé come indicazione per gli altri. Fate lo stesso anche voi.

b) Dividete la classe in due gruppi. Fate alzare gli studenti e chiedete loro di venire al centro della classe. Chiedete loro di mettersi in fila una prima volta per ordine di altezza e una seconda per ordine alfabetico. A partire dal vostro «Via!» vince il gruppo che per primo raggiunge la disposizione richiesta. Quest'attività ha lo scopo di aumentare il livello di conoscenza e di predisposizione al movimento fisico e mentale in maniera allegra e senza momenti di riflessione.

c) Suddividete la lavagna in tre colonne dando ad ognuna un titolo: «Cibi e bevande», «Personaggi famosi» e «Oggetti» (traducete i titoli in tedesco oppure scriveteli direttamente in tedesco, se preferite). La classe è ancora divisa in due gruppi e ad ognuno è stato consegnato un foglio formato A3. Chiedete ai due gruppi di suddividere il foglio in tre colonne e di scrivervi le tre categorie indicate alla lavagna. Date alla classe tre minuti di tempo per raccogliere tutte le parole già note in italiano che appartengono alle rispettive categorie.
Al termine dei tre minuti fate un riscontro in plenum.

d) A conclusione fate una breve presentazione dello strumento che vi accompagnerà alla scoperta dell'italiano, ovvero il libro di testo (vedi introduzione).

Pagina introduttiva

Tema	Incontrarsi
Lessico	◆ Formule di saluto (*Buongiorno!, Ciao!, Arrivederci!*)

Nella foto vediamo la scalinata del Duomo di Perugia. Perugia è il capoluogo dell'Umbria. È una città tipicamente universitaria, gemellata con Tübingen a cui assomiglia un po' per la presenza di tanti studenti. Oltre all'Università Italiana vi ha sede anche l'Università per Stranieri che ogni anno richiama migliaia di persone da tutto il mondo.
La scalinata del Duomo è chiamata da tutti «le scalette» e rappresenta il tipico punto di incontro degli studenti. La regione Umbria, situata proprio al centro della penisola italiana, è nota come il «cuore verde» d'Italia. È caratterizzata da panorami rilassanti, grandi ricchezze artistiche legate soprattutto alla vita di S. Francesco d'Assisi e ritmi di vita scanditi dalla natura e dalle tradizioni.

➡ **Attività introduttiva:** chiedete agli studenti (a questo livello queste discussioni vanno fatte in tedesco) di osservare la foto della pagina 8. Qualcuno di loro è già stato a Perugia? Quali sono le sue impressioni? Che cosa si vede nell'immagine? In che stagione potremmo essere e in che momento della giornata? Chi conosce qualche parola italiana da poter associare alla fotografia (p. es. *sole, caldo, estate* ecc.)?

Guardate e ascoltate. → 1

Procedimento: questo breve ascolto è concepito puramente come primo contatto con la lingua. Fate ascoltare la registrazione una volta a libro chiuso e due volte a libro aperto. Al terzo ascolto invitate gli studenti a ripetere ad alta voce quello che sentono. Alla fine proponete le domande che trovate sotto la fotografia, chiedendo se magari ci sono forme nuove che non conoscevano (spesso i corsisti conoscono già alcune formule di saluto in italiano).

Soluzione: quando ci si incontra: *buongiorno, ciao*
quando si va via: *ciao, arrivederci*
per informarsi su come sta una persona: *come stai? come va?*

A Buongiorno!

Tema	Incontrare gente, salutare, chiedere come va e rispondere
Lessico	◆ Il *tu* e il *Lei*: *Come stai?, Come sta?* ◆ *bene, abbastanza bene, non c'è male, insomma, così così*
Grammatica	◆ Verbo *stare* (prime tre pers. sing.) ◆ Pronomi personali singolari
Materiale necessario	PUNTO 4: fogli formato A4, forbici e musica da sottofondo

In Italia la forma di cortesia è usata nelle situazioni molto formali e da parte dei più giovani verso i più anziani. Complessivamente si può dire però che il *tu* è molto diffuso e che le situazioni in cui ci si comporta in maniera informale sono molto più numerose che in Germania. Per esempio, nel mondo del lavoro, tra colleghi ci si dà spesso del tu fin dall'inizio o comunque dopo poco tempo. Per strada, nei bar, nelle situazioni legate al quotidiano le persone al di sotto dei trent'anni circa tendono a darsi quasi sempre del tu, anche se non si conoscono.

Attività introduttiva: le domande *Come sta/i?* e *Come va?* sono spesso già conosciute. Girando per la classe salutate gli studenti e chiamandoli per nome o per cognome chiedete loro come stanno. Ad esempio: *Ciao Ute, come stai? E tu Andreas? Buongiorno signor Weller, come sta? E Lei, signora Richter?*

Le quattro persone delle due immagini a pag. 9 sono presenti anche nella foto iniziale. Chiedete agli studenti di identificarle.

1 Ascoltate. → 2

Procedimento: prima dell'ascolto spiegate agli studenti che l'obiettivo dell'ascolto è individuare chi si dà del tu e chi si dà del Lei. Potete aggiungere qualche informazione su come vengono usate queste forme in Italia e sulle differenze di comportamento rispetto alla Germania. Alla lavagna preparate uno schema su due colonne intitolate *tu* e *Lei*.

Fate ascoltare la registrazione prima a libro chiuso e poi due volte a libro aperto e come sempre invitate gli studenti a ripetere in coro quello che sentono.

Dopo l'ascolto chiedete agli studenti cosa dicono le persone, quando si danno del tu, per salutarsi e chiedere come stanno e cosa dicono invece quando si danno del Lei. Raccogliete le espressioni suggerite e scrivetele alla lavagna nelle rispettive colonne.

Soluzione: Tu: *ciao, come stai?, io sto bene, e tu?*
Lei: *buongiorno, signora, buongiorno signor ..., ... e Lei?*

2 Completate.

Procedimento: lo specchietto è suddiviso in una parte grammaticale (a sinistra) e una comunicativa (a destra). La parte grammaticale riguarda le prime tre persone del verbo *stare*. La prima persona va inserita dagli studenti che la devono ricavare dalla lettura dei dialoghi. Nella parte comunicativa invece sono riportate alcune possibili risposte alla domanda *Come sta/i?*

Tornate a girare per la classe chiedendo agli studenti come stanno e usando di volta in volta il *tu* e il *Lei*. Chiedete loro di riconoscere quale forma avete usato.

Soluzione: *sto*

3 Lavorate in gruppi.

Procedimento: fate alzare gli studenti e chiedete loro di venire al centro della classe. Invitateli a dividersi in piccoli gruppi, a salutarsi e chiedersi reciprocamente come stanno. La scelta tra il *tu* e il *Lei* è libera ma pregate gli studenti di utilizzare entrambe le forme.

Attività alternativa: individuate delle situazioni in cui ci si può incontrare e chiedete ai corsisti di usare la forma che considerano più adatta. Potete scrivere alla lavagna una serie di ambienti diversi, per esempio: *in banca, in palestra, in discoteca, per strada, al Parlamento, in albergo, a scuola, alla stazione* e via discorrendo. Formate delle coppie e assegnate ad ognuna una situazione, aggiungendo qualche indicazione sull'età delle persone in essa

coinvolte. Magari potete scrivere alla lavagna i nomi delle coppie sotto le situazioni di cui saranno protagonisti. Fate improvvisare i dialoghi e al termine fatene recitare qualcuno in plenum. Questo esercizio può servire ad aggiungere un pizzico di competenza sociale accanto a quella linguistica in quanto porta la discussione anche sull'opportunità di usare il *tu* o il *Lei* nei contesti prescelti.

4 Completate.

Per il materiale necessario consultate la tabella.
Procedimento: lasciate ad ogni studente un paio di minuti per riflettere individualmente e completare le vignette dell'esercizio. Fate confrontare prima con il vicino e controllate poi in plenum. Dopodiché chiedete agli studenti di disegnare due fumetti sui fogli che avrete distribuito e di ritagliarli. All'interno dei fumetti gli studenti scrivono frasi del tipo di quelle apprese, relative all'uso di *Come sta/i?*, in cui mancano però una o due parole come nelle vignette dell'esercizio appena svolto. Gli studenti scambiano i loro elaborati con il vicino che deve completarli. Al termine fate un'esposizione di tutti i fumetti.

Soluzione: *Ciao, Petra!, Ciao, Karl! Come stai?, Bene, e tu?, Buongiorno, signora! Come sta?, Bene, grazie. E Lei?*

B Piacere!

Tema	Presentarsi e presentare altre persone dandosi del tu
Lessico	◆ *Piacere!*
Grammatica	◆ Verbo *essere* (prime tre pers. sing.)
Materiale necessario	PUNTO 3: i cartellini con i nomi preparati nella prima serata e un sacchetto di stoffa

1 Ascoltate. →3

Procedimento: prima dell'ascolto invitate gli studenti ad osservare la foto e a descrivere la situazione: chi c'è nella stanza? Dove siamo? È una situazione riguardante la sfera privata o quella professionale? Procedete quindi all'ascolto.

Dopo l'ascolto chiedete chi sono le persone che parlano e se usano il *tu* o il *Lei*. Dopo aver chiarito che la forma usata è il *tu* potete scrivere grande alla lavagna il pronome «Tu» e raccogliere quindi di seguito le risposte relative alle seguenti domande: Cosa dicono le persone:
- ◆ per presentarsi o presentare qualcuno?
- ◆ per invitare gli altri a presentarsi?
- ◆ nel momento in cui gli viene presentato qualcuno?

Sottolineate l'importanza della forma *Piacere!* chiedendo agli studenti quale espressione usano in questo caso nella loro lingua. Potete girare per la classe, presentarvi e presentare altri studenti, stringendo la mano e lasciando che gli studenti si stringano la mano dicendo *Piacere!*

! Attenzione! È importante non usare ancora la frase *Le presento ...* e la forma di cortesia perché queste verranno introdotte al punto C. Non anticipate l'espressione *Mi chiamo ...*: il verbo *chiamarsi* è stato volutamente evitato in quanto riflessivo e perché non necessario nel contesto.

Soluzione: *Piacere* significa *Angenehm.*

2 Completate.

Procedimento: la parte grammaticale dello specchietto riguarda le prime tre persone del verbo *essere*. Tutte e tre le persone devono essere inserite dagli studenti ricavandole dal dialogo appena ascoltato e letto. Lasciate ad ognuno il tempo per riflettere individualmente chiedendo poi di controllare i risultati con il vicino. Al termine procedete con il riscontro in plenum.

Nella parte comunicativa sono presentate brevi frasi usate per presentare se stessi oppure una terza persona. Chiedete a qualche studente di presentare se stesso e il proprio vicino.

Soluzione: *sono, sei, è*

3 In classe

Per il materiale necessario consultate la tabella.
Procedimento: fate alzare gli studenti e fateli venire al centro della classe. In un primo momento si lavora a coppie, come suggerito dal libro, in modo da fare conoscenza. Alla fine di questa prima parte dell'attività fatevi dare i cartellini con i nomi che sono stati preparati nella prima serata. Metteteli tutti in un sacchetto di stoffa e tiratene fuori uno alla volta. Chiedete, col cartellino in mano, ad esempio: *Chi è Jörg?* Lo studente che avrà fatto la conoscenza di Jörg potrà rispondere: *È lui*, oppure *Questo è Jörg*, indicandolo agli altri. Continuate fino ad esaurimento dei cartellini. Per concludere l'attività tornate alle indicazioni del libro invitando ogni studente a presentare il proprio partner al resto della classe.

4 Formate delle frasi.

Procedimento: lasciate agli studenti due o tre minuti di tempo per formare tre frasi utilizzando gli elementi dati. Dopo aver terminato gli studenti possono controllare il loro lavoro con il vicino, infine si farà un riscontro in plenum.

Possible soluzione: *Io sono Maria. Tu sei Giovanni, vero? Questo è Antonio Rodari.*

C Le presento il signor Rivelli.

Tema	Presentarsi e presentare altre persone dandosi del Lei
Lessico	◆ *Le presento ...* ◆ *il signore, la signora* ◆ titoli vari (*dott., ing., avv.* ecc.)
Grammatica	◆ Articolo determinativo singolare ◆ *questo, questa*
Materiale necessario	PUNTO 6: bicchieri di carta, forbici, nastro adesivo, fogli colorati e musica da sottofondo adatta ad una festa

i

Piacere si usa molto quando si presentano persone nuove, sia in contesti formali che informali, infatti l'abbiamo incontrato anche nella sezione B dove le persone si davano del tu. Tuttavia in situazioni informali si usa spesso anche semplicemente l'espressione *Ciao*, quando si stringe la mano a chi ci è stato appena presentato.

L'Italia è nota all'estero come la terra dei dottori. Nella vita professionale è normale rivolgersi ad una persona anteponendo il titolo al nome oppure anche usando il solo titolo: *ingegnere, architetto*, etc. L'appellativo di *dottore* non è un abuso, come potrebbe apparire ad alcuni. In realtà tutte le persone al termine dell'Università, con la laurea, conseguono per legge il titolo di *dottore*.

Attività introduttiva: girate per la classe affermando semplicemente: *Questo è il signor Schmid, questa è la signora Spengler, questo è* .... Dopo aver presentato alcuni studenti potete ripetere la stessa frase sotto forma di domanda: *Questo è il sig. Schmid?* sollecitando una risposta affermativa: *Sì, è il signor Schmid.*

1 Ascoltate. →4

Procedimento: invitate gli studenti ad osservare le foto: dove siamo? Chi c'è nella foto? Ci sono persone che conosciamo? Procedete quindi all'ascolto. Dopo l'ascolto spiegate agli studenti che, pur essendo nello stesso ufficio, c'è un leggero cambiamento in quanto questa volta la situazione è più formale. In questo caso l'espressione più adatta per presentare una persona è *Le presento* ....

! Attenzione! L'espressione *Le presento* ... contiene un pronome indiretto. In questa fase deve essere considerata solamente come strumento lessicale e non deve assolutamente comportare il trattamento dei pronomi.

2 Completate.

Procedimento: nella parte grammaticale dello specchietto mancano solamente i due articoli determinativi maschile e femminile che gli studenti dovranno inserire deducendoli dal dialogo. Richiamate l'attenzione sulla differenza tra *signora Moroni* e *il signor Rivelli* sottolineando che quando ci si rivolge direttamente alla persona non si usa l'articolo determinativo davanti a *signor* o *signora* o al titolo professionale mentre lo si fa quando si parla di una terza persona.

Soluzione: *il, l'*

3 Guardate e completate.

Procedimento: per il materiale necessario consultate la tabella. Fate leggere ad alta voce i biglietti da visita riprodotti sulla pagina. Lasciate quindi agli studenti un po' di tempo per completare individualmente i dialoghi sottostanti. Quando avranno terminato invitateli a recitare i dialoghi in coppia scambiandosi i diversi ruoli.

Soluzione: 1. *l', l';* 2. *il, l';* 3. *la*

4 Lavorate in gruppi.

Procedimento: gli studenti lavorano in piccoli gruppi e presentano i loro vicini agli altri scegliendo liberamente tra la forma di cortesia e il *tu*. Alternativamente si può chiedere loro di tornare al centro della classe e riproporre l'attività di presentare gli altri con il passaggio del testimone (vedi B 3).

5 Prendete appunti.

Procedimento: lavorando in coppia gli studenti annotano le frasi finora apprese per esprimersi nelle situazioni indicate: *salutare e congedarsi, chiedere ad una persona come sta, presentare se stessi o qualcun altro, dire come si sta.* Le forme vengono scritte nei riquadri gialli. Al termine si possono controllare le frasi con la coppia vicina, infine si procederà al riscontro in plenum.

Soluzione: Begrüßen und verabschieden: *ciao, buongiorno, buonasera, arrivederci*
Jemanden nach dem Befinden fragen: *come stai?, come sta?, come va?*
Sich oder andere vorstellen: *io sono ..., questo/questa è ..., Le presento ...*
Sagen, wie man sich fühlt: *io sto bene, e tu?; abbastanza bene; non c'è male; bene, bene*

6 Fate conversazione.

Per il materiale necessario consultate la tabella.
Procedimento: Chiedete agli studenti quali sono per loro i simboli di una festa. Molti risponderanno sicuramente i bicchieri e voi tirerete fuori i bicchieri dalla vostra «borsa magica». Se poi per fare una festa sono necessarie anche un po' di decorazioni,

distribuite agli studenti fogli colorati, forbici e nastro adesivo. Lasciate loro cinque minuti di tempo per trasformare la classe in un ambiente adatto ad una festa.

Attività di questo genere possono essere considerate perdite di tempo, ma in realtà sono utilissime. Creano atmosfera, aumentano la motivazione, aggiungono ludicità e fanno dimenticare agli studenti lo sforzo di apprendere!

Quando tutto sarà pronto fate osservare la foto a pag. 12 e chiedete dove si trovano le persone. Dite che anche il corso è una festa. Invitate gli studenti ad alzarsi, prendere i loro bicchieri in mano e muoversi per la classe presentandosi e presentando altre persone, proprio come si fa ad un ricevimento. In questo caso un po' di musica adatta è veramente importante! Se poi siete proprio in vena e avete voglia di investire due euro in due bottiglie di aranciata il successo è assicurato.

D Dove abiti?

Tema	Scambio di informazioni sulla città di provenienza e di residenza
Lessico	◆ *Dove abiti/a?* ◆ *Di dove sei/è?*
Grammatica	◆ Verbo *abitare* (prime tre pers. sing.) ◆ *essere di ...* e *abitare a ...*

1 Ascoltate. →5

Procedimento: introducete la situazione facendo osservare la foto: chi sono le persone presenti? Le riconoscete (Piero Rivelli e Margherita Moroni)? Procedete a due o più ascolti, come al solito, chiedendo agli studenti di concentrarsi per individuare i nomi delle città, quindi fate leggere in plenum il dialogo un paio di volte.

Soluzione: *Perugia, Terni, Genova, Firenze, Lugano*

2 Leggete e completate.

Procedimento: chiedete agli studenti di leggere il dialogo individualmente e di completare le frasi con i nomi delle città mancanti. I risultati saranno controllati prima in coppia e poi in plenum.

Soluzione: *Margherita è di Terni ma abita a Perugia. Piero è di Genova ma abita a Firenze. L'ingegner Gambini è di Lugano ma abita a Firenze.*

3 Completate.

Procedimento: lo specchietto grammaticale riguarda le prime tre persone del verbo *abitare*. Gli studenti, lavorando preferibilmente da soli prima del riscontro con il resto della classe, devono inserire per ogni persona la forma corrispondente, ricavandola dal dialogo. Nella parte comunicativa vengono messe a confronto le espressioni: *essere di...* e *abitare a...* entrambe con il *tu* e con il *Lei*. Sottolineate il fatto che *Di dov'è?* è la forma apostrofata di *Di dove è?* e che è necessario pronunciare correttamente la *è*, altrimenti la domanda suona *Di dove?* e non ha più il giusto significato.

Soluzione: *abito, abiti, abita*

4 Ascoltate. →6

Procedimento: fate ascoltare un paio di volte i nomi delle città e lasciate il tempo necessario per trovare il nome tedesco corrispondente. Chiedete agli studenti se conoscono qualche altro nome di città famose in italiano e in tedesco.

Soluzione: *Francoforte – Frankfurt, Stoccarda – Stuttgart, Monaco – München, Vienna – Wien, Dresda – Dresden, Zurigo – Zürich, Lipsia – Leipzig, Lubecca – Lübeck, Salisburgo – Salzburg, Basilea – Basel, Amburgo – Hamburg*

5 Fate conversazione.

Procedimento: cominciate a formulare alcune domande a titolo di esempio: *Di dove sei, Stefan?, Dove abiti?, Di dov'è, signor Laidig? Dove abita?.* Ad un certo punto chiedete ad un corsista di fare una domanda dello stesso tipo ad un'altra persona della classe. Quest'ultima dovrà rispondere e formulare una nuova domanda ad un altro. Si procede così a catena finché tutti avranno dato una risposta e fatto una domanda.

E Sono olandese.

Tema	Scambio di informazioni sulla nazionalità
Lessico	◆ Nazionalità
Grammatica	◆ Aggettivi di nazionalità (maschile e femminile) ◆ Preposizioni *a, in*
Materiale necessario	PUNTO 6: un grande foglio A3 e una cassetta con musica da sottofondo PUNTO 7: fogli formato A4 divisi a metà, oppure fogli formato A3 e musica da sottofondo

Le chatroom (le stanze delle chiacchiere!) sono degli spazi, in Internet, dove gli utenti collegati alla rete possono incontrarsi e conversare. Ci si può iscrivere ad una chatroom oppure si può semplicemente entrarvi cliccando sulle icone che le rappresentano. Le chatroom possono essere generiche oppure possono essere divise per temi, nazionalità, interessi ecc. Parteciparvi è facile, basta entrarvi, scrivere di volta in volta il proprio messaggio all'interno dell'apposita finestra e leggere ciò che scrivono gli altri. Volendo si può prendere appuntamento con un amico e incontrarsi all'ora e nel giorno stabilito per «chattare» un po'. Oppure, se si conosce l'indirizzo di posta elettronica di una persona, si può chattare anche privatamente senza doversi incontrare in una chatroom. Negli indirizzi è contenuto il simbolo @ che in italiano viene chiamato *chiocciola* o *at*.

Attività introduttiva: parlate brevemente (in tedesco) delle chatroom, che cosa sono, che cosa si fa in una chatroom, di cosa si parla. Chiedete agli studenti se sono soliti chattare, se lo fanno qualche volta, se conoscono le chatline e che cosa ne pensano.

1 Leggete.
Procedimento: invitate gli studenti a leggere i messaggi scritti dai partecipanti della chatroom *Amici.net*. Chi potrebbe chattare con chi?

Attenzione! Per la prima volta compaiono nuovi verbi regolari in *-are*: *studiare*, *cercare* e ... *chattare*. Il verbo *abitare* è già stato introdotto, quindi si tratta solo di specificare che questi verbi si coniugano nella stessa maniera.

Soluzione: *1 – 3, 2 – 4*

2 Completate.
Procedimento: di quale nazionalità sono gli iscritti alla chatroom? Lasciate agli studenti il tempo per completare individualmente lo schema con le forme degli aggettivi di nazionalità che compaiono nei messaggi. Invitateli a riflettere e a rispondere alle domande:
- come termina il maschile?
- e il femminile?
- per quale genere vale la finale in *-e*?

Disegnate uno schema alla lavagna:

	maschile	*femminile*
italiano		
inglese		

Sotto scrivete alla rinfusa: *-e*, *-o*, *-e*, *-a*. Chiedete agli studenti di inserire nelle caselle vuote della tabella le vocali corrispondenti alla finale dei due aggettivi.

Soluzione: *italiano: maschile -o, femminile -a; inglese: maschile e femminile -e*

3 Fate delle ipotesi.
Procedimento: invitate gli studenti a formulare ipotesi sulle possibili nazionalità delle persone raffigurate seguendo l'esempio dato. Qualora gli studenti lo richiedano potete aggiungere qualche altra nazionalità di loro interesse (*canadese*, *polacco*, *russo* ecc.).

4 Fate i dialoghi.
Procedimento: date agli studenti il tempo per costruire individualmente brevi dialoghi, come i due dell'esempio, usando gli elementi dati. Al termine formate delle coppie e fate recitare qualche dialogo in plenum.

5 Raccontate.
Procedimento: invitate gli studenti a pensare ad alcuni personaggi famosi che non vivono nel loro paese d'origine (p.es.: *Boris Becker è tedesco ma abita a Montecarlo, Ralf Schumacher è tedesco ma abita in Austria, Steffi Graf è tedesca ma abita in America, Luciano Pavarotti è italiano ma abita a Montecarlo, il papa Woityla è polacco ma abita a Roma*). Scrivete alla lavagna la lista dei nomi trovati. Chiedete agli studenti:
- Che cosa potete dire di loro?
- Di dove sono?
- Dove abitano?

6 Completate.
Per il materiale necessario consultate la tabella.
Procedimento: spiegate agli studenti che adesso hanno la possibilità di iscriversi alla chatroom *Amici.net* e invitateli a completare il breve modulo di iscrizione dato sulla pagina. Chiedete loro se hanno un indirizzo e-mail. Se la maggior parte risponde positivamente ed è d'accordo nello scambiarsi l'indirizzo potete far circolare un foglio formato A3, dove sia riportato un breve formulario indicante il nome, il cognome e l'indirizzo e-mail. Fate riempire il foglio e magari aggiungete anche i vostri dati. Al termine della lezione fotocopiate il foglio e la volta successiva ridistribuitelo affinché ognuno ne abbia una copia. Invitate gli studenti ad incontrarsi in rete e a chattare, magari parlando del corso di italiano e scambiandosi notizie sui siti in cui è possibile trovare informazioni sull'Italia, la sua lingua, la cultura ecc.

7 Scrivete.
Per il materiale necessario consultate la tabella.
Procedimento: invitate gli studenti a scrivere il loro intervento per la chatroom *Amici.net* su fogli for-

mato A4 divisi a metà. Questa volta gli studenti possono iscriversi, scrivere e chattare, magari anche facendo finta di essere personaggi famosi. Gli interventi devono riportare il nome del personaggio, la nazionalità, l'indirizzo e-mail e una o due piccole frasi tipiche delle chatline. Ad esempio:
Brigitte Bardot, francese, BB@bbline.com
Ciao, sono Brigitte Bardot!
Sono francese e cerco amici per chattare.

Al termine ritirate i fogli, mescolateli e ridistribuiteli a caso invitando gli studenti a rispondere brevemente. Quando tutti avranno risposto, disponete i fogli su un banco e invitate gli studenti a venire a leggere le risposte ai loro interventi nella chatline.

➡ Attività alternativa: prendete alcuni fogli formato A3. Consegnate un foglio ogni quattro o cinque studenti. Colui che ha ricevuto il foglio scrive il suo intervento e passa il foglio al vicino, che fa altrettanto. Lasciate ruotare i fogli all'interno del gruppo fino a che tutti avranno scritto il loro intervento. In questa maniera avrete una serie di frasi o messaggi proprio come se foste realmente in una chatroom. Al termine potete esporre i fogli come se fossero schermi di computer e invitare gli studenti a venire a leggerli.

F Come si pronuncia?

Tema	Fonetica
Lessico	◆ Pronuncia dei fonemi *c* come [tʃ] e [k] e *g* come [dʒ] e [g]
Materiale necessario	Alcune fotocopie di un foglio formato A4 con scritte in tedesco le domande indicate sotto

➡ Attività introduttiva: per il materiale necessario consultate la tabella.

Procedimento: scrivete su un foglio formato A4 le seguenti domande in tedesco:
1) Welchen bekannten italienischen Käse nimmt man zur Pasta?
2) Welcher ist einer der bekanntesten Weine der Toskana?
3) Wie antwortet man auf *grazie*?
4) Wie heißt *Aufwiedersehen* auf Italienisch?

Dividete gli studenti in gruppi e distribuite le fotocopie del foglio con le domande. Lasciate agli studenti un paio di minuti per leggere le domande e trovare le relative risposte *(1. il parmigiano, 2. il Chianti, 3. prego, 4. arrivederci)*.

Invitate uno studente per gruppo a scrivere le risposte alla rinfusa alla lavagna. Discutete in plenum se le risposte sono corrette e se le parole, secondo l'opinione della classe, sono scritte in maniera giusta.

1 **Ascoltate e ripetete.** →7
Procedimento: prima dell'ascolto spiegate agli studenti che ascolteranno alcune parole contenenti le consonanti *c* e *g*. Invitateli a concentrarsi sulle differenze di pronuncia legate agli elementi che accompagnano le suddette consonanti. Fate quindi ascoltare la registrazione almeno due volte e invitate gli studenti a ripetere di volta in volta ogni parola. Dopo l'ascolto fate rileggere le parole agli studenti in ordine sparso.

2 **Completate.**
Procedimento: lasciate agli studenti un paio di minuti di tempo per inserire le parole nello schema predisposto. Quando tutti avranno terminato fate riascoltare ancora una volta il nastro affinché gli studenti possano controllare la correttezza del loro schema.

Adesso potete soffermarvi ad osservare quali combinazioni di lettere determinano le diverse pronunce, e cioè:
c = [tʃ] in *centro, ciabatta, acciuga, arrivederci, Riccione*
c = [k] in *come, Calabria, pacchetto, Chianti, cura*
g = [dʒ] in *giubileo, geniale, adagio, Giro, parmigiano*
g = [g] in *ghirlanda, galleria, laguna, prego, traghetto*

3 **Leggete.**
Procedimento: invitate gli studenti a leggere le parole a coppie ed eventualmente, se ne conoscono, ad aggiungerne altre dello stesso tipo. Al termine chiedete in plenum quali sono le nuove parole e scrivetele alla lavagna. Come si pronunciano? In quale gruppo dello schema precedente potrebbero essere inserite?

Si dice così.

Obiettivo	Al termine di quest'attività gli studenti avranno uno schema chiaro di tutti i mezzi lessicali incontrati nel corso della prima lezione.
Materiale necessario	Alcuni fogli formato A4 divisi a metà, possibilmente più rigidi del normale

Procedimento: scrivete alla lavagna le diverse categorie offerte dallo schema: *Salutare e congedarsi, Presentarsi o presentare qualcuno, Chiedere ad una persona come sta, Informarsi sul luogo di provenienza, Informarsi sul luogo di residenza.*

Distribuite ad ogni studente tanti fogli quante sono le categorie, chiedendo loro di scrivere su ognuno una categoria (in italiano, come alla lavagna, oppure in tedesco, come nel libro).

Lasciate agli studenti cinque minuti per scrivere tutte le frasi che conoscono adatte ad esprimersi nelle situazioni indicate. Passati i cinque minuti i corsisti confrontano i loro foglietti con quelli del vicino ed eventualmente aggiungono quello che hanno dimenticato.

Terminata la consultazione si può fare un riscontro in plenum durante il quale gli studenti dicono a voce alta ciò che hanno scritto mentre l'insegnante annota le frasi alla lavagna nella categoria corrispondente. Infine si può confrontare il risultato complessivo con lo schema offerto dal libro nonché con gli appunti presi in C5 a pag. 12.

L'archivio mobile: consigliate agli studenti di creare il loro «archivio mobile personale». Non è difficile ed è molto pratico. Si tratta di raccogliere i foglietti appena scritti e di inserirli in qualsiasi tipo di contenitore (un quaderno ad anelli, una busta trasparente, una cartellina). A questi foglietti se ne aggiungeranno altri in futuro e il loro archivio andrà arricchendosi sempre di più. Il vantaggio di questa raccolta è che la si può portare sempre dietro ed estrarla in qualsiasi momento approfittando di cinque minuti, inaspettatamente liberi, per ripassare un po' di italiano e non annoiarsi alla stazione, in coda, aspettando un amico in ritardo!

Ricapitoliamo!

Procedimento: dividete la classe in gruppi di tre. Invitate i gruppetti a mettersi d'accordo sui ruoli e chiedetegli poi di recitare il colloquio secondo la descrizione fornita dal libro. Volendo potete far ripetere il colloquio due volte utilizzando sia il *tu* che la forma di cortesia.

In plenum fate poi recitare il dialogo con il *tu* ad un gruppo e con il *Lei* ad un altro.

GIOCO

Materiale necessario	Fotocopie della pagina 21

Procedimento: le foto rappresentano persone qualsiasi, le prime in atteggiamento informale, le altre in una situazione formale o che richiederebbe comunque la forma di cortesia. Ritagliate le foto e distribuitene due ad ogni studente (una formale e una informale).

Gli studenti si alzano e vengono al centro della classe. A gruppi di due prendono prima la carta formale, si presentano sulla base delle informazioni che vi trovano scritte e improvvisano un piccolo dialogo, poi fanno lo stesso con la carta informale. Si possono cambiare poi le coppie e far ripetere una seconda volta i dialoghi.

Grammatica

Materiale necessario	Fotocopie della pagina 22

Procedimento: distribuite le fotocopie agli studenti e chiedete di completare gli schemi con gli elementi grammaticali mancanti.

Al termine invitateli a confrontare il loro risultato con gli schemi presenti nella grammatica di fine lezione. Invitate gli studenti a leggere individualmente quanto spiegato a pagina 17 e a porre eventuali domande. Lasciate loro il tempo per concentrarsi su questa lettura in classe. Forse a casa non ne avranno il tempo o non ricorderanno di farlo.

L'archivio mobile: Consigliate agli studenti di inserire la fotocopia nel loro archivio.

Nome: *Daniel*

Città: *L'Avana*

Nazionalità: *cubana*

Nome: *Sig.ra Maria Luisa Vietina*

Città: *Venezia*

Nazionalità: *italiana*

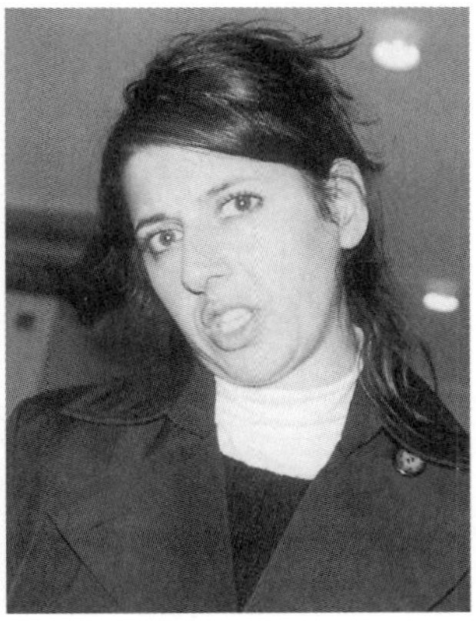

Nome: *Barbara*

Città: *Perugia*

Nazionalità: *italiana*

Nome: *Dott.ssa Rachel Holley*

Città: *Londra*

Nazionalità: *inglese*

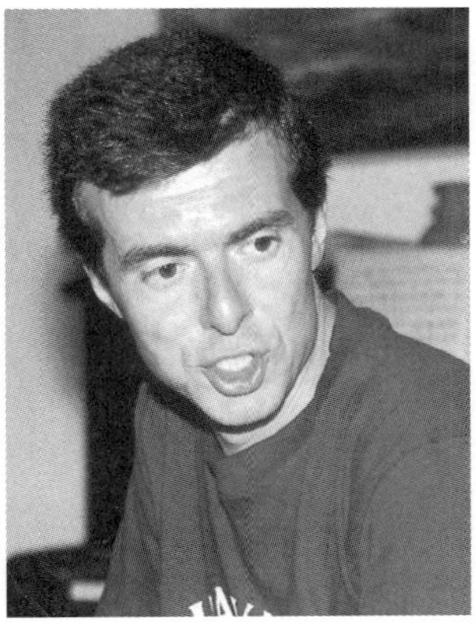

Nome: *Roberto*

Città: *Barcellona*

Nazionalità: *spagnola*

Nome: *Prof. Stefan Reichhold*

Città: *Salisburgo*

Nazionalità: *austriaca*

Nome: *Gloria*

Città: *Perugia*

Nazionalità: *italiana*

Nome: *Ing. Hans Schloz*

Città: *Stoccarda*

Nazionalità: *tedesca*

maschile	femminile
..... signore	..... signora
..... ingegnere	..... amicizia
..... studente	

essere	....	....
....	....	abito
....	stai	....
è	....	....

1. persona	....
2. persona	tu
3. persona	....

LEZIONE 2 Dove vai?

Pagina introduttiva

Tema	Viaggiare in Italia
Lessico	◆ Nomi di città italiane
Materiale necessario	Cartoncini preparati secondo le indicazioni e musica da sottofondo

Guardate la carta.

Sulla cartina dell'Italia sono tracciati alcuni percorsi ferroviari. Naturalmente la rete ferroviaria italiana è molto più estesa e ramificata e raggiunge tutte le regioni, comprese le isole. Il tratto principale corrisponde alla linea che unisce le città di Milano, Bologna, Firenze e Roma da cui si dipartono tanti altri collegamenti verso città più piccole. Quando arrivano all'estrema punta della Calabria, locomotive e vagoni, con tanto di passeggeri a bordo, vengono imbarcati sui traghetti che, nel giro di 20 minuti, attraversano lo stretto di Messina e arrivano in Sicilia. I treni, fonte di ripetute battute ironiche da parte degli italiani a causa dei loro perenni ritardi, hanno raggiunto in realtà nell'ultimo decennio livelli di maggiore efficienza offrendo più servizi, comfort all'interno delle carrozze sempre più attrezzate e moderne e spesso elevate velocità (il collegamento Roma-Milano, ad esempio, è molto rapido). I prezzi rimangono inferiori alla media europea.

Procedimento: formate delle coppie usando dei cartellini precedentemente preparati. Per far ciò sceglierete alcune città italiane fra le più conosciute (p. es. Roma, Milano, Venezia, Firenze, Napoli, Genova), dividete i nomi in due parti (Ro-ma, Mil-ano, Venezia, Fir-enze, Nap-oli, Gen-ova) e scrivetene una su ogni cartoncino. In classe mettete su un po' di musica come sottofondo, mescolate i cartoncini, distribuiteli agli studenti e invitate ognuno a cercare il compagno in possesso del cartellino che completa il nome della città. A questo punto le coppie così formate si dedicano all'attività proposta dal libro: parlare delle città italiane che conoscono. Alla fine potete ascoltare in plenum i racconti della classe.

A In treno

Tema	Scambiarsi informazioni su provenienza, residenza, destinazione e nazionalità
Lessico	◆ *Dove?, Di dove?* ◆ *Come mai ...? – Per ...*
Grammatica	◆ Presente indicativo dei verbi regolari in *-are; andare; essere* ◆ Negazione ◆ Preposizioni *a, in, per*
Materiale necessario	PUNTO 2 (DADO): fogli formato A4, possibilmente un po' più rigidi del normale PUNTO 7: fogli formato A4 PUNTO 8: fogli formato A4, possibilmente un po' più rigidi del normale e divisi a metà, un sacchetto o una busta di stoffa, una cassetta con musica da sottofondo

1 Ascoltate. → 8

Procedimento: prima dell'ascolto invitate gli studenti ad osservare la foto: dove sono le persone?

Disegnate alla lavagna due cerchi e fate lo schizzo di un treno e di un binario che li unisce.

Spiegate agli studenti che ascolteranno una conversazione che si svolge in treno e invitateli a fare attenzione alle città che verranno nominate. Fate ascoltare la registrazione prima a libro chiuso e poi a libro aperto. Chiedete quindi agli studenti se hanno individuato i nomi delle città e dite loro di cercarle sulla cartina della pagina precedente (si tratta di Pavia e Milano). A questo punto non sarà difficile stabilire che la linea sulla quale le persone stanno viaggiando è quella che collega Genova a Milano. Inserite dunque i nomi di queste due città nei cerchi che avete disegnato alla lavagna.

P.S.: non cancellate ancora il disegno, vi servirà anche per l'ascolto di A4.

2 Completate.

Procedimento: la parte grammaticale dello specchietto contiene i verbi *essere* e *abitare* coniugati al presente indicativo. Chiedete agli studenti di inserire le forme mancanti per la prima e la seconda persona plurale deducendole dal dialogo appena ascoltato e letto. Nella parte comunicativa sono contenute due frasi modello per la forma negativa. Fate notare che in italiano la particella negativa *non* si trova sempre davanti al verbo.

Potete esercitare brevemente la forma negativa formulando una serie di domande a cui siete sicuri che gli studenti risponderanno *no*, usando sempre materiale linguistico già noto. Chiedete ad esempio: *Sei/È americano? Abiti/a a Ginevra? Parli/a cinese?* ecc.

Soluzione: *siamo, siete; abitiamo, abitate*

Dado: chiedete agli studenti se avrebbero mai voluto essere un'altra persona, magari anche solo per cinque minuti. Un altro nome, forse anche sesso, nazionalità, città. Distribuite i fogli formato A4 e invitateli a riempirli con informazioni fantastiche sul proprio conto. Per esempio: *Nome: Tony Smith, Nazionalità: americana, Città di provenienza: New York, Città di residenza: Los Angeles, Lingue parlate: inglese, tedesco, italiano, cinese*

Una volta riempiti i fogli gli studenti li espongono davanti a sé. Dividete la classe in due gruppi e lasciate a ognuno due o tre minuti di tempo per memorizzare informazioni sui componenti del gruppo avversario. Scaduto il tempo ritirate i fogli e invitate gli studenti a riferire all'interno del gruppo quante più informazioni ricordano sugli altri, utilizzando sia la forma affermativa che negativa. Ad esempio: *Tony Smith è americano, parla italiano ma non parla russo.* Infine fate il riscontro in plenum scegliendo un paio di personaggi.

3 Mettete una crocetta.

Procedimento: invitate gli studenti a leggere individualmente le affermazioni riguardanti i signori Kreisler e la signora Magoni e a decidere quali sono quelle che corrispondono al vero. Lasciate loro il tempo per riflettere e poi invitateli a consultarsi con il proprio vicino. Per quanto riguarda le affermazioni che non corrispondono alla realtà chiedete alle coppie di annotarsi le frasi alla forma negativa, per es. *Il signore e la signora Kreisler non sono italiani.* Invitate quindi gli studenti a dire queste frasi in plenum.

Soluzione del primo compito: *La signora Magoni è italiana. Il signore e la signora Kreisler abitano a Milano, sono di Francoforte, parlano bene l'italiano.*

Soluzione del secondo compito: *La signora Magoni non abita in Germania. Il signore e la signora Kreisler non tornano in Germania, non sono italiani, non abitano a Pavia.*

4 Ascoltate e osservate la carta. →9

Procedimento: prima dell'ascolto chiedete agli studenti di tornare ad osservare la cartina della pagina 18 e di dare un'occhiata al disegno del treno alla lavagna (vedi punto A1). Fate quindi ascoltare il dialogo tre volte. Dopo l'ascolto invitate gli studenti a individuare le città del tratto ferroviario percorso dai passeggeri. L'ascolto è trascritto alla pagina successiva. In questa fase però lasciate che gli studenti si concentrino solo su ciò che sentono allo scopo di individuare i nomi delle città.

Soluzione: *Nel dialogo si parla di Senigallia e Bologna, quindi la linea sulla quale si trovano i passeggeri è quella fra Verona e Ancona.*

5 Ascoltate. →9

Procedimento: prima dell'ascolto chiedete agli studenti chi sono le persone che agiscono nel dialogo appena ascoltato. Spiegate agli studenti che ascolteranno di nuovo il dialogo tra il controllore del treno e i due passeggeri, Rita e Manuela. Ascoltate il dialogo due volte a libro aperto. Dopo l'ascolto chiedete agli studenti di rispondere alla domanda: perché Rita e Manuela sono in viaggio?

Soluzione: *Rita va a Senigallia per lavoro. Manuela va a Bologna a trovare un amico.*

6 Completate.

Procedimento: nella parte grammaticale dello specchietto è contenuta la coniugazione di *andare* al presente indicativo. Chiedete agli studenti di inserire le forme mancanti per la prima e la seconda persona singolare deducendole dal dialogo appena ascoltato.

Nella parte comunicativa ci sono degli esempi relativi al verbo *andare* con le preposizioni *a* e *per*. Innanzitutto spiegate agli studenti che *andare* è sempre seguito da *a* quando si tratta di una città: *Vado a Roma, vado a Senigallia, vado a Berlino.* Quanto all'uso di *per,* potete spiegare a grandi linee che si vuole così indicare la ragione per cui si va da qualche parte. L'espressione *andare a trovare qualcuno* è comunque una espressione linguistica fissa e come tale va spiegata, senza soffermarsi sull'uso della preposizione.

Soluzione: *vado, vai*

7 Raccontate.

Procedimento: fate formare delle coppie e disegnate alla lavagna una tabella con quattro colonne: *I signori Kreisler, La signora Magoni, Manuela, Rita.* Dite agli studenti di fare altrettanto sui fogli A4 che avrete

distribuito (uno per ogni coppia) e invitateli quindi a considerare i suggerimenti contenuti nel libro di testo (per esempio: *abitare: a Milano/in Germania, andare: in Germania/a Bologna/a trovare un amico*) al fine di poter raccogliere il maggior numero possibile di informazioni sulle persone indicate nella tabella. Quando ogni coppia avrà terminato chiedete agli studenti di cambiare partner e invitateli a raccontarsi reciprocamente tutto ciò che hanno da dire sui personaggi. Fate un riscontro in plenum annotando le informazioni alla lavagna. Potreste cominciare voi, raccontando qualcosa dei signori Kreisler e chiedere poi agli studenti di continuare.

Soluzione: *I signori Kreisler sono tedeschi di Francoforte e abitano a Milano. La signora Magoni è italiana e abita a Milano. Manuela è italiana e va a Bologna a trovare un amico. Rita è italiana, studia ancora e quest'estate lavora in un albergo a Senigallia.*

8 Lavorate in coppia.

Procedimento: chiedete agli studenti di ritornare alla pagina 18, fatevi suggerire una serie di motivi possibili per cui una persona va in una città (per es. *per visitare un museo, per andare a un musical, per incontrare un amico,* ecc.) e scriveteli alla lavagna. Dite agli studenti di guardare la cartina dell'Italia con i binari che attraversano l'intero paese e di immaginare di trovarsi nel vagone-ristorante di un treno che sta viaggiando verso la città dove hanno deciso di voler/dover andare. Adesso, lavorando in coppia, gli studenti possono parlare della città che hanno scelto e dire per quale motivo ci vanno.

Attività supplementare: al termine potete fare un breve gioco di memoria, sul modello delle ripetizioni a catena. Ad esempio:
STUDENTE 1: *Vado a Roma per visitare il Colosseo.*
STUDENTE 2: *Klaus va a Roma per visitare il Colosseo e io vado a Firenze per comprare un diamante.*

Ogni studente ripete quello che fanno i compagni prima di lui e aggiunge qualcosa di nuovo. Potete anche interrompere la catena dopo cinque o sei studenti e far ricominciare il sesto o il settimo da capo se vedete che diventa troppo difficile.

9 Scrivete e domandate.

Procedimento: distribuite agli studenti i cartellini precedentemente preparati e invitateli a scrivere tre frasi contenenti informazioni su se stessi.
Raccogliete i cartellini e metteteli dentro il sacchetto. Chiedete agli studenti di venire al centro della classe e di estrarre ognuno un cartellino. Dopo aver pescato uno dei foglietti ogni studente dovrà girare tra i compagni e fare delle domande in modo da individuare chi ha scritto il foglietto e restituirglielo.

L'archivio mobile: al termine dell'attività invitate gli studenti a scrivere tutte le informazioni che sono in grado di dare su se stessi su di un foglio che verrà inserito nell'archivio mobile. Dopo la consultazione con gli altri studenti avvenuta nel corso dell'attività precedente probabilmente potranno scrivere più delle tre frasi richieste inizialmente. Chiedete agli studenti di inserire questo foglio al primo posto nel loro archivio in maniera da poter facilmente aggiungere informazioni man mano che si va avanti nell'apprendimento della lingua.

Lettura

Tema	Cercare informazioni su di una città
Lessico	◆ Descrivere una città
Materiale necessario	PUNTO 3 (ATTIVITÀ ALTERNATIVA): due fotocopie della pagina 30, due fogli in formato A3 su cui avrete disegnato una tabella con due colonne (*vero* e *falso*), e del nastro adesivo

Obiettivo: questa sezione ha lo scopo di invitare gli studenti alla lettura di testi leggermente più complessi, che richiedono sicuramente un maggior sforzo di comprensione ma aggiungono anche una sensazione di gratificazione se si fa loro notare in quanto poco tempo si è raggiunto un livello tale da poter estrarre le informazioni principali (vedere l'introduzione a pag. 7).

Senigallia è una piccola cittadina sul Mare Adriatico. Si trova nella regione Marche ed è situata nelle immediate vicinanze di Ancona. È meta preferita soprattutto dai più giovani perché l'offerta turistica ha prezzi abbastanza contenuti. Oltre al mare, Senigallia offre la possibilità di visitare altre città che si trovano nella zona, tra cui per esempio Pesaro, Urbino, Gubbio.

Attività introduttiva: scrivete alla lavagna: *Senigallia, Marche, Mar Adriatico*. Chiedete agli studenti se associano a questi nomi qualche informazione. Qualcuno è già stato a Senigallia? Gli è piaciuta? Chi conosce altre città delle Marche? Che cosa può raccontare? E del Mar Adriatico?

1 Leggete.

Procedimento: invitate gli studenti a leggere individualmente il testo chiedendo di sottolineare tutte le parole di cui conoscono il significato. Al termine della lettura individuale eventualmente potreste leggere voi il testo a voce alta in maniera che possa essere fruito con maggiore rilassatezza.

2 Lavorate in coppia.
Procedimento: invitate gli studenti a confrontare le parole che hanno sottolineato con quelle del vicino di destra chiedendosi spiegazioni per le parole non conosciute da entrambi e cercando di indovinare il significato di ulteriori vocaboli sulla base delle immagini e del contesto. Dopo cinque minuti fate ripetere la consultazione con il vicino di sinistra. A questo punto raccogliete alla lavagna le parole rimaste senza spiegazione e individuatene il significato in plenum.

! Attenzione! spiegate il significato delle singole parole ma non traducete le frasi altrimenti l'attività successiva non ha più senso.

3 Vero o falso?
Procedimento: chiedete agli studenti di segnare con una crocetta le affermazioni vere o false contenute nel testo.

Soluzione: *F, F, V*

Attività alternativa: a pagina 30 trovate alcune informazioni molto semplici riguardanti l'Italia. Fatene due fotocopie e ritagliate i cartellini seguendo le linee tratteggiate. Dividete la classe in due gruppi e consegnate a ogni gruppo un set di cartellini, un foglio in formato A3 diviso in due colonne (*vero* e *falso*) e un rotolo di nastro adesivo. Chiedete agli studenti di incollare le loro informazioni sulla colonna che ritengono opportuna. Al termine attaccate entrambi i fogli alla lavagna e fate un riscontro in plenum.

Soluzione: 1. *V,* 2. *F,* 3. *F,* 4. *V,* 5. *V,* 6. *V,* 7. *F,* 8. *F,* 9. *V,* 10. *F,* 11. *F,* 12. *F*

4 Cercate le parole.
Procedimento: fate individuare agli studenti le parole contenute nel testo e corrispondenti ai simboli indicati. Se volete ampliare un po' l'attività potete chiedere agli studenti di cercare qualche altra parola relativa alle immagini contenute nel testo, forse qualcuno conosce già parole come *castello*, *spiaggia*, *mare*, *ombrelloni* ecc.

Soluzione: *stazione, porto, aeroporto*

B Vorrei prenotare una camera.

Tema	Prenotare una stanza in albergo
Lessico	◆ Informarsi sui servizi di un albergo ◆ *vorrei* ◆ I giorni della settimana
Grammatica	◆ *c'è, non c'è* ◆ Terminazioni dei sostantivi maschili e femminili ◆ Uso dell'articolo determinativo
Materiale necessario	PUNTO 1: cartellini con su scritte le parole indicate, fogli bianchi in formato A4, musica da sottofondo PUNTO 6 (ATTIVITÀ SUPPLEMENTARE): due fogli in formato A3, preparati secondo la descrizione

1 Abbinate.
Procedimento: preparate dei cartellini scrivendo su ognuno una delle seguenti parole: *cinema, palestra, sauna, solarium, piano-bar, frigobar, terrazza panoramica, garage, beach volley, animazione.* Mettete su un po' di musica come sottofondo e invitate quindi gli studenti ad osservare le due pagine del dépliant dell'hotel Ritz di Senigallia riprodotte nel libro di testo. Chiedete loro di abbinare i simboli ai servizi e alle attrezzature offerti dall'hotel. Adesso distribuite a ogni studente un foglio A4 e uno dei cartellini precedentemente preparati. Chiedete agli studenti di disegnare sul foglio il simbolo relativo a ciò che c'è scritto sul cartellino senza però indicare di che si tratta. Dite loro che non volete delle opere d'arte, ma solo dei simboli, anche inventati (purché sufficientemente espliciti). Alla fine raccogliete i fogli e attaccateli alla lavagna. Dopo raccogliete anche i cartellini contenenti i nomi dei servizi, mescolateli e ridistribuiteli. Ogni studente dovrà attaccare il suo cartellino accanto al simbolo relativo.

Soluzione: (sul libro di testo dall'alto verso il basso) *ristorante, sala congressi, aria condizionata, ascensore, piscina, spiaggia privata, parcheggio*

2 Ascoltate. → 10
Procedimento: prima dell'ascolto osservate insieme agli studenti l'illustrazione accanto al dialogo. Siamo ancora all'hotel Ritz e questa volta abbiamo informazioni relative ai diversi tipi di camere, trattamenti e prezzi. Spiegate agli studenti che ascolteranno una telefonata in cui una signora prenota una camera. Fate ascoltare il dialogo prima a libro chiuso e poi due volte a libro aperto, quindi passate subito all'attività successiva.

Attenzione! *vorrei* è da usare come un'espressione idiomatica fissa, senza prendere in considerazione il verbo *volere* o il condizionale che saranno analizzati in un secondo momento.

3 Inserite la prenotazione.

Procedimento: invitate gli studenti ad osservare il calendario settimanale riprodotto sulla pagina. Leggete insieme a loro i giorni della settimana. Adesso invitate gli studenti ad inserire la prenotazione della signora Russo nel calendario sulla base di quanto hanno appena ascoltato.

Soluzione: *La prenotazione è per venerdì e sabato, domenica rientro.*

Attenzione! Non cercate di fissare i giorni della settimana in questa lezione, se ne riparlerà in modo più approfondito nella lezione 5. Qui limitatevi a farli riconoscere.

4 Mettete una crocetta.

Procedimento: fate ascoltare di nuovo il dialogo chiedendo agli studenti di concentrarsi sui servizi richiesti dalla signora Russo. Al termine invitateli a mettere una crocetta accanto ai servizi sui quali la signora s'informa.

Soluzione: *camera doppia, aria condizionata, parcheggio*

5 Completate.

Procedimento: osservate lo specchietto. Chiedete agli studenti di inserire l'articolo davanti ai sostantivi aiutandosi con le informazioni contenute nel dialogo.

Al termine invitateli ad assegnare l'articolo anche alla lista di sostantivi contenuti nell'attività precedente (B4). Scrivete grande alla lavagna:

.... *parcheggio*	.... *camera*
.... *ristorante*	.... *stazione*
.... *tennis*	.... *mail*

Chiedete agli studenti di suggerirvi l'articolo determinativo per i sostantivi indicati. L'attenzione va rivolta qui alle finali dei sostantivi. L'articolo, già conosciuto dalla prima lezione, ha la funzione di permettere di individuarne il genere con più facilità. Invitate ora gli studenti ad osservare queste finali e a formulare una regola sulla base delle parole date. Se vi accorgete che hanno delle difficoltà, aiutateli voi e spiegate che i sostantivi terminanti in *-o* sono normalmente maschili e quelli in *-a* femminili. Informateli però che esiste un gruppo di sostantivi terminanti in *-e* che sono a volte maschili e a volte femminili. In questo caso la vocale finale non aiuta a riconoscere il genere. Infine ci sono altri sostantivi che terminano per consonante e anche in questo caso è necessario sapere a priori se sono maschili o femminili.

Soluzione: *il, l', la*

6 Lavorate in coppia.

Procedimento: lasciate agli studenti due minuti di tempo per osservare le offerte presentate dal dépliant dell'hotel Ritz. Scaduto il tempo chiedete loro di chiudere il libro e di chiedersi reciprocamente quali servizi offre l'hotel. Girando per la classe ascoltate gli studenti e controllate che le domande siano formulate correttamente e che sia usata l'espressione *c'è*.

Attività supplementare: Preparate due fogli di formato A3 seguendo lo schizzo seguente:

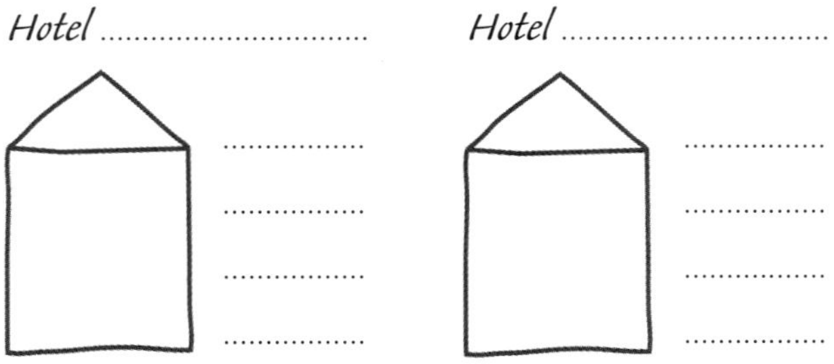

Dividete la classe in due gruppi e consegnate un foglio a ogni gruppo. Invitate i gruppi a creare l'hotel dei propri sogni inserendo i servizi che preferiscono accanto all'immagine di sinistra. Adesso i gruppi si fanno reciprocamente delle domande allo scopo di individuare i servizi presenti nei rispettivi hotel inserendoli nel proprio foglio accanto all'immagine di destra. Al termine si possono attaccare i fogli alla lavagna e osservare se l'hotel immaginato e quello ricostruito sulla base delle domande corrispondono.

7 Prendete appunti.

Procedimento: dividete la lavagna in due colonne: *Prenotare una camera* e *Informarsi su un hotel.* Lavorando in coppia gli studenti annotano le frasi apprese per esprimersi nelle situazioni indicate. Le frasi vengono scritte nei due riquadri gialli del libro di testo a pagina 24. Al termine si possono controllare le frasi con la coppia vicina. Terminata la consultazione si può fare un riscontro in plenum durante il quale gli studenti dicono a voce alta ciò che hanno scritto mentre l'insegnante annota le frasi alla lavagna nella categoria corrispondente.

Soluzione: Prenotare: *vorrei prenotare una camera. Una doppia.* Informarsi: *C'è il parcheggio? C'è l'aria condizionata in camera?*

L'archivio mobile: consigliate agli studenti di copiare le frasi appena scritte su fogli da inserire nell'archivio mobile.

8 Fate la prenotazione.

Procedimento: gli studenti lavorano a coppie: lo studente A è il receptionist mentre B è il cliente. Invitate gli studenti a sostituire le lettere A e B con due nomi (reali o inventati). Il cliente si informa su cosa offre l'albergo e prenota una camera. Eventualmente la prenotazione potrebbe essere anche fatta sulla base dei dépliant scritti dagli studenti sull'hotel dei loro sogni (passo B6, attività supplementare).

C Mi chiamo Flückiger.

Tema	Presentarsi e fare lo spelling del proprio nome
Lessico	◆ L'alfabeto

1 Ascoltate. → 11

Procedimento: prima dell'ascolto osservate la foto. Dove siamo? Chi c'è nella foto? Fate ascoltare quindi la registrazione prima a libro chiuso e poi due volte a libro aperto. Dopo l'ascolto fate ripetere agli studenti lo spelling del nome Flückiger.

2 Ascoltate e ripetete. → 12

Potete ricordare agli studenti che le lettere *j*, *k*, *w*, *x*, *y* non appartengono all'alfabeto italiano ma sono comunque conosciute perché, come in ogni altro paese, anche in Italia si utilizzano tanti prestiti da lingue straniere e questi, a volte, sono così diffusi che le persone non li avvertono più come parole provenienti da altre lingue (per es. *yogurt*, *taxi*, *windsurf*, *kimono*, *jazz*, ecc.).

Procedimento: prima dell'ascolto spiegate agli studenti che ascolteranno l'alfabeto italiano. Fate quindi ascoltare le lettere dell'alfabeto invitando gli studenti a ripeterle.

3 Fate il dialogo.

Procedimento: invitate gli studenti a svolgere in coppia un dialogo come quello appena ascoltato sostituendo a turno il loro nome a quello del signor Flückiger. L'esercizio può essere ripetuto più volte utilizzando nomi inventati o nomi di personaggi famosi.

4 Lavorate in coppia.

Procedimento: lavorando in coppia uno studente detta all'altro un sostantivo in tedesco facendone lo spelling e questi, dopo averlo scritto, dovrà individuarne il corrispondente in italiano. Chiedete agli studenti di scegliere sostantivi già conosciuti anche in italiano, come riportato nell'esempio del testo, magari usando proprio quelli appena appresi.

Attività supplementare: ritornate ai nomi delle città. Spiegate agli studenti che i nomi di città vengono usati in Italia per dettare un nome al telefono ed evitare che ci siano malintesi con lettere dal suono simile tipo *p* e *b*, *c* e *g*, *f* ed *s*, ecc. Invece di dare voi la lista delle città che si usano comunemente nello spelling, potete farvi aiutare dagli studenti invitandoli a trovare per ogni lettera una città. Naturalmente voi li aiuterete nei casi più difficili o di città poco note, come ad esempio *Empoli*, *Domodossola* o *Quarto*. Ricordate anche che le lettere che non fanno parte dell'alfabeto italiano (*j*, *k*, *w*, *x* e *y*) vengono semplicemente dette: *i lunga*, *kappa*, *vu doppia*, *ics* e *ipsilon*.

A come Ancona	*N come Napoli*
B come Bologna	*O come Otranto*
C come Como	*P come Palermo*
D come Domodossola	*Q come Quarto*
E come Empoli	*R come Roma*
F come Firenze	*S come Salerno*
G come Genova	*T come Torino*
H come hotel	*U come Udine*
I come Imola	*V come Venezia*
L come Livorno	*Z come Zara*
M come Milano	

Quando la lista sarà al completo chiedete agli studenti di pensare una parola e, lavorando in coppia, di dettarsela reciprocamente, usando i nomi delle città per fare lo spelling.

5 Ascoltate e scrivete. → 13

Procedimento: prima dell'ascolto spiegate agli studenti che ascolteranno una serie di parole dettate lettera per lettera e che dovranno trascriverle. Fate quindi ascoltare il dettato di parole e poi invitate gli studenti a confrontare i risultati con il vicino. Al termine fate ascoltare la cassetta con le parole pronunciate per intero.

Trascrizione: *buongiorno, tedesco, ingegnere, Germania, austriaco, albergo, arrivederci, vacanza, spiaggia, parcheggio*

D Un po' di fonetica

Tema	Fonetica
Lessico	◆ Pronuncia dei fonemi *sc* come [ʃ] e *sch* come [sk]
Obiettivo	Quest'attività è volta a chiarire la differenza di pronuncia del gruppo di consonanti italiane *sc* seguito da *i* ed *e* oppure *h*, *a*, *o*, *u*.

1 Ascoltate e ripetete. → 14

Procedimento: prima dell'ascolto spiegate agli studenti che ascolteranno una serie di parole e invitateli a ripeterle. Fate quindi ascoltare e ripetere le parole. Dopo l'ascolto invitate gli studenti a leggere le parole per conto proprio.

2 Completate.

Procedimento: invitate gli studenti a inserire le parole appena ascoltate nella tabella del libro di testo seguendo le indicazioni di pronuncia. Fatto ciò, chiedete loro se conoscono altre parole che potrebbero aggiungere alla lista. Raccogliete alla lavagna le parole suggerite e assegnatele in plenum alla colonna corrispondente.

Soluzione: [ʃa]: **scia***rpa*; [ʃe]: *a***sce***nsore*; [ʃi]: *pi***sci***na*; [ʃo]: ***scio****pero*; [ʃu]: *a***sciu***gamano*; [ska]: ***sca****la*; [ske]: *ma***sche***ra*; [ski]: *I***schi***a*; [sko]: *fia***sco**; [sku]: ***scu****ola*

Si dice così.

Obiettivo	Al termine di quest'attività gli studenti avranno uno schema chiaro di tutte le strutture incontrate durante la seconda lezione.
Materiale necessario	Fogli formato A4 divisi a metà, possibilmente più rigidi del normale

Procedimento: scrivete alla lavagna le seguenti categorie: *Cominciare una conversazione, Chiedere di ripetere, Esprimere un motivo, Chiedere se una cosa è disponibile, Confermare, Dire il proprio nome, Esprimere un desiderio.*

Distribuite agli studenti tante metà dei fogli A4 quante sono le categorie (8), chiedendo di scriverne una su ogni foglio. Lasciate agli studenti cinque minuti per scrivere tutte le frasi che conoscono adatte ad esprimersi nelle situazioni indicate. Passati i cinque minuti i corsisti confrontano i loro foglietti con quelli del vicino ed eventualmente aggiungono quello di cui non si erano ricordati. Terminata la consultazione si può fare un riscontro in plenum durante il quale gli studenti dicono a voce alta ciò che hanno scritto mentre l'insegnante annota le frasi alla lavagna nella categoria corrispondente. Infine si può confrontare il risultato complessivo con lo schema offerto dal libro nonché con gli appunti presi nel corso dell'attività B7 a pag. 24.

L'archivio mobile: consigliate agli studenti di inserire i fogli nel loro archivio mobile.

Ricapitoliamo!

Materiale necessario	Qualche cartolina di Pistoia o immagine della città da attaccare alla lavagna

Procedimento: fate alzare gli studenti e fateli venire al centro della classe. Divideteli in due gruppi. Adesso chiedete loro di immaginarsi di essere a Pistoia: le cartoline appese alla lavagna potrebbero essere di aiuto alla fantasia. Siamo davanti al Battistero e i due gruppi di turisti si sono mischiati e hanno la possibilità di conoscersi. Invitate gli studenti ad avvicinarsi e chiedere alle persone dell'altro gruppo da dove vengono, perché sono a Pistoia, in quale hotel alloggiano e infine di presentarsi. Il colloquio può essere ripetuto con un paio di persone diverse.

GIOCO

Materiale necessario	Due fotocopie della pagina 31 da cui ritagliare i cartellini contenenti le lettere (possibilmente usate un foglio più rigido del normale)

Procedimento: dividete la classe in due gruppi e consegnate ad ognuno un set di cartellini. Date agli studenti cinque minuti di tempo per comporre con le lettere il maggior numero possibile di parole. Quando il tempo è scaduto i due gruppi avranno alcune lettere avanzate. Chiedete ai gruppi di riunirsi e di tentare di formare altre parole con le lettere avanzate ad entrambi.

Grammatica

Materiale necessario	Fotocopie della pagina 32

Procedimento: distribuite le fotocopie agli studenti e chiedete di completarle con gli elementi grammaticali mancanti. Al termine invitateli a confrontare il loro risultato con gli schemi presenti nella grammatica di fine lezione. Invitate gli studenti a leggere individualmente quanto spiegato a pagina 27 e a porre eventuali domande. Lasciate loro il tempo per concentrarsi su questa lettura in classe.

L'archivio mobile: consigliate agli studenti di inserire la fotocopia nel loro archivio.

1. Firenze è nell'Italia del centro.	7. Cagliari è in Puglia.
2. Venezia è in montagna.	8. La Fiat è a Milano.
3. Milano è sul mare.	9. La Città del Vaticano è a Roma.
4. Il Colosseo è a Roma.	10. Michelangelo è di Roma.
5. Il Vesuvio è vicino a Napoli.	11. Bologna è in montagna.
6. La Sicilia è una grande isola.	12. Il parmigiano è un formaggio siciliano.

A	B	C	D	E	F
G	H	I	L	M	N
S	T	U	V	Z	E
A	A	O	X	E	A
A	E	E	I	I	O
O	U	U	C	B	D
T	S	L	F	R	S
T	B	D	N	M	L

essere	....	....
....	....	vado
....	abiti	....
è	....	....
....	....	andiamo
siete	....	....
....	abitano	....

................, io vado a Pescara.
.... andiamo in Germania.

(*no*, *non*)

All'albergo Ritz c'è .... piscina.
Il signor Kreisler parla bene .... italiano.

maschile	femminile
.... parcheggi.......	.... piscin.......
.... ristorant.......	.... stazion.......
.... tennis	.... mail

.... abiti?
.... vai?
.... sei?

(*dove? di dove?*)

Abito .... Germania.
Vado .... Germania.
Abito .... Roma.
Vado .... Roma.

(*a*, *in*)

LEZIONE 3 *Ripasso*

A Impariamo i vocaboli!

Tema	Strategie di apprendimento del vocabolario
Lessico	◆ Vocabolario delle lezioni 1 e 2
Materiale necessario	PUNTO 1 (ATTIVITÀ SUPPLEMENTARE): alcuni fogli formato A3, pennarelli blu e neri e dei punti adesivi possibilmente rossi (Eddingpunkte, per esempio) PUNTO 2 (ATTIVITÀ SUPPLEMENTARE): alcuni cartoncini rigidi

➡ Attività introduttiva: spiegate agli studenti che avete intenzione di fare un'attività sui vocaboli concentrandovi solo su quelli della lezione 2. Disegnate alla lavagna una tabella i cui titoli delle colonne corrispondano alle quattro abilità linguistiche. Ad esempio: *da leggere, da ascoltare, da dire e da scrivere.*

Selezionate 5 sostantivi, ad esempio *controllore, vacanze, biglietto, treno, albergo*, inseriteli nella colonna *da leggere* e invitate gli studenti a leggerli, ognuno per conto proprio. Cancellate adesso i sostantivi da leggere e chiedete agli studenti di pensare a cinque parole estratte dalla lezione 2. Al vostro via ogni studente ascolta cinque parole dal vicino di destra e dice le cinque che ha pensato a quello di sinistra. Nessuno di questi vocaboli può essere scritto. Infine lasciate alla classe due minuti per scrivere altre cinque parole su un foglio. Chiedete infine agli studenti di annotare i vocaboli appena letti, ascoltati, detti o scritti che ricordano. Quando ognuno avrà la propria lista pronta, potrà osservare quante parole sono presenti per ogni categoria. Una volta conclusa l'attività, introducete il tema del percorso di apprendimento: quello relativo alla lingua italiana è cominciato da poco tempo e ognuno sa già quale è il metodo che più si addice al proprio modo di imparare, oppure lo sta scoprendo. Alcuni preferiscono all'inizio solo ascoltare, altri imparano una frase solo dopo averla detta almeno un paio di volte, altri non ricordano una parola se non l'hanno scritta, per qualche persona la grammatica è essenziale, per altri è noiosissima, mentre la lettura di brevi testi è entusiasmante.
Fortunatamente non esiste una ricetta universale e ognuno è libero di scegliere tra le diverse possibilità che meglio corrispondono alle sue capacità e ai suoi interessi. Per questo motivo nel corso del ripasso ci si concentra innanzitutto su diversi modi di apprendere il vocabolario.

Discutete in plenum: i corsisti conoscono se stessi come studenti di una lingua straniera tanto da poter già dire le loro preferenze sui diversi modi di imparare oppure si tratta di un'esperienza nuova o quantomeno di un argomento su cui non avevano mai riflettuto?

1 Archivio mobile

Procedimento: a partire dalla prima lezione gli studenti hanno cominciato a raccogliere frasi ed espressioni importanti in quello che è stato chiamato l'*archivio mobile*. Sottolineate di nuovo l'importanza di un'attività del genere ricordando che si tratta di una «sana abitudine» quando si studia una lingua straniera. Un po' come fare sport e mangiare sano nella vita. Se gli studenti non lo hanno fatto in precedenza, invitateli adesso a scegliere vocaboli tratti dalla lezione 2 e ad annotarli su foglietti che potrebbero accompagnarli forse anche durante il prossimo viaggio in auto, magari mentre sono in coda al Brennero!

➡ Attività supplementare: gli studenti lavorano in coppia. Ogni coppia seleziona cinque frasi che considera molto importanti tra quelle incontrate nella lezione 2. Unite due coppie: all'interno dei nuovi gruppi si analizzano le frasi formulate dalle due coppie e si scelgono le cinque ritenute più determinanti ai fini della sopravvivenza in Italia. Ogni gruppo trascrive le cinque frasi su di un foglio formato A3 con il pennarello. Raccogliete i fogli e attaccateli alla lavagna. Distribuite cinque punti adesivi a ogni studente e invitate ad assegnare i punti, a proprio piacimento, alle frasi che preferiscono. Su di un foglio formato A3 scrivete a mo' di titolo: *Lezione 2: Hit Parade delle cinque frasi più amate nel corso di italiano.* Trascrivete le prime cinque frasi in classifica. Se volete potete nominare un «tesoriere» e attribuirgli il compito di conservare l'archivio di classe fino a quando si provvederà ad aggiornarlo con le nuove entrate.

2 Schede

Procedimento: ricordate agli studenti che è sempre meglio annotare le frasi o le parole raggruppate per argomenti e situazioni su dei cartoncini rigidi. Potete consigliare di scrivere la traduzione in tedesco delle espressioni sul retro di ogni scheda.

Attività supplementare: distribuite tre cartoncini rigidi a ogni studente. Fate scrivere ad ognuno su un cartoncino il proprio nome e tre frasi in italiano. Raccogliete i cartoncini e ridistribuiteli facendo attenzione che tutti i corsisti ne ricevano uno diverso da quello che hanno scritto. Ogni studente traduce le frasi dall'italiano al tedesco e le scrive su un cartoncino bianco aggiungendo il proprio nome e quello del compagno da cui ha ricevuto le frasi. Raccogliete di nuovo le schede, che questa volta contengono solo frasi in tedesco, e ridistribuitele. Chiedete di ritradurre le frasi in italiano e di annotare il proprio nome e quello dei due studenti precedenti. Esponete tutti i cartoncini appoggiandoli sulla cattedra o sui banchi e invitate gli studenti a confrontare frasi di arrivo e di partenza sui cartoncini che contengono il loro nome.

3 Parole associate

Procedimento: scrivete la parola *treno* al centro della lavagna. Invitate gli studenti a suggerirvi tutte le parole che riescono ad associarvi e annotatele alla lavagna unendole con dei tratti fra di loro. «Collegare in rete» è un procedimento utile nel mondo dell'informatica, e non solo in quello. Tutto quello che è in rete è pronto da vedere, da usare o da ... «mangiare»! Chiedete agli studenti di lavorare in coppia e di fare la propria rete per la parola *vacanza* e magari per un'altra ancora, scelta a proprio piacimento.

4 E ora provate voi!

Procedimento: finora si sono fatti esperimenti diversi per l'apprendimento dei vocaboli relativi alla lezione 2. Adesso invitate gli studenti a lavorare in parte individualmente, in parte in coppia, per riassumere il vocabolario della lezione 1. Eventualmente potete ripetere l'attività supplementare del punto 1 in modo da aggiornare subito l'archivio mobile di classe con altre cinque frasi tratte dalla prima lezione.

B Leggere in italiano? Certo!

Tema	Strategie di comprensione della lettura
Lessico	◆ Le vacanze
Materiale necessario	PUNTO 3 (ATTIVITÀ ALTERNATIVA): un foglio formato A4 per ogni studente e pennarelli blu o neri

1 Che testo è questo?

Procedimento: fate aprire il libro a pagina 21 e chiedete agli studenti cosa ricordano della lettura. Discutete insieme dell'esperienza fatta con il testo su Senigallia: sicuramente un po' difficile da capire, ma c'erano anche elementi che aiutavano a individuare perlomeno l'argomento e i temi principali. Cosa si è rivelato maggiormente utile per la comprensione? Il titolo? Le foto? Intorno a un testo ci sono spesso immagini, titoli, sottotitoli, didascalie, ecc. che lo rendono più comprensibile, perché non trarne il massimo vantaggio? Invitate gli studenti a lavorare in coppia e ad osservare le due immagini di pagina 29 in alto a destra: quali informazioni potrebbero contenere?

2 Che cosa significa?

Procedimento: discutete con gli studenti a proposito di quali elementi facilitino la comprensione di un testo in lingua straniera. Ricordate che ci sono delle strategie utili da seguire: innanzitutto si deve analizzare tutto ciò che accompagna il testo, immagini, titoli, sottotitoli, didascalie cercando di far luce sull'argomento principale. È consigliabile non lasciarsi distrarre da ciò che non si conosce e concentrarsi piuttosto sugli elementi noti, sui contesti in cui si trovano e di cui possono chiarire il significato. Rileggere il testo più volte, con calma, aiuta a individuare sempre nuove relazioni e chiarisce ciò che ad una prima veloce lettura era rimasto oscuro. Certo, ci sono ancora parole veramente incomprensibili e allora passiamo ad analizzarle. In quale frase compaiono? Quali ipotesi di significato possiamo formulare per quelle frasi? Le parole sconosciute assomigliano ad alcune della madrelingua? O a quelle di una lingua straniera che conosciamo? Potrebbero essere associate a qualche immagine? Questi tentativi ci sono senz'altro utili a capire sempre di più. Chiedete agli studenti di riflettere su cosa li ha aiutati maggiormente nella comprensione delle parole sconosciute del testo su Senigallia: la somiglianza con la propria lingua? La somiglianza con una lingua straniera conosciuta? Il contesto? Le immagini?

3 E ora buona lettura!

Procedimento: lasciate agli studenti il tempo necessario per leggere individualmente il testo. Ricordate loro le strategie appena discusse e proponete di utilizzarle per capire il più possibile di ciò che si legge. Invitateli a soffermarsi innanzitutto sugli elementi che accompagnano il testo per individuarne l'argomento, ad esempio la cartina, la foto, il titolo, le stelle. Chiedete di leggere il testo concentrandosi su ciò che risulta comprensibile. Date a ogni studente la possibilità di scegliere una tra le parole che non conoscono e di guardarla nel vocabolario o di chiederne a voi il significato.

➡ Attività alternativa: distribuite un foglio formato A4 per ogni studente. Chiedete ad ognuno di scegliere, tra quelle sconosciute, la parola che considerano più importante ai fini della comprensione e di scriverla molto grande sul foglio. Quando tutti hanno scritto la loro parola il foglio viene passato al vicino. Sul foglio che si è appena ricevuto c'è una nuova parola. Si può scrivere la sua traduzione in tedesco, se è conosciuta, altrimenti si lascia il foglio così com'è. Di nuovo lo si passa al vicino. Il nuovo foglio che si riceve può contenere o una parola con la sua traduzione, se lo studente che ha avuto il foglio precedentemente la conosceva, oppure una parola da tradurre qualora sia noto il suo significato. Si procede così finché i fogli tornano nelle mani degli autori. La parola è stata tradotta? Quante parole sono ancora sconosciute? Che cosa significano? Quali sono i risultati della comprensione di gruppo?

C Il giro delle Marche

Tema	In viaggio per le Marche
Lessico	◆ Il viaggio
Materiale necessario	Alcuni dadi e delle pedine (anche delle monetine vanno bene)

i La regione delle Marche è situata nell'Italia centrale, è bagnata a est dal mare Adriatico e confina a nord con l'Emilia-Romagna, a ovest con la Toscana e l'Umbria e a sud con il Lazio e l'Abruzzo. È ripartita in quattro province: Ancona, Ascoli Piceno, Macerata e Pesaro-Urbino, con Ancona capoluogo. Il nome della regione ha origine medioevale: deriva dal tedesco *Mark* e indica un insieme di territori di frontiera, *di marca* appunto, istituiti nel Medioevo, rimasti a lungo divisi e col tempo aggregati in una sola unità amministrativa. La regione è prevalentemente montuosa o collinosa, con brevi tratti pianeggianti lungo la costa. Nei monti Sibillini, a sud, si trova la cima più elevata dell'Appennino Marchigiano, il monte Vettore (2.478 m). Il clima è relativamente freddo d'inverno, specialmente all'interno e sui rilievi, mentre d'estate non è eccessivamente caldo. Negli ultimi anni le Marche si sono aperte sempre di più al turismo, con risultati non sempre positivi: il turismo balneare di massa, per esempio, ha provocato un'esplosione edilizia sul litorale, lasciando solo poche tracce del paesaggio originario. Ad un viaggiatore attento e interessato le Marche offrono mete di vario genere: dai parchi nazionali e le riserve naturali, come quella delle Grotte di Frasassi (un complesso carsico dell'Appennino, poco → a nord di Fabriano, famosa invece per la produzione della carta), ai siti storici, come varie necropoli dell'età del ferro (Novilara presso Pesaro, Numana, Fabriano etc.), alle città d'arte con esempi di architettura, scultura e pittura (Gentile da Fabriano, Bramante, Raffaello sono fra i figli più famosi di questa regione).

1 Rispondete in italiano!
Procedimento: dividete la classe in piccoli gruppi e date ad ogni gruppo un dado e delle pedine. Chiedete agli studenti di posizionare le loro pedine sulla casella di partenza (Pesaro, n. 1). La prima volta il dado serve per decidere la «pole position» (bisogna ottenere il numero 1). Poi comincia la competizione. Ogni studente lancia il dado e si sposta sulle diverse caselle eseguendo il compito richiesto da ognuna. Il giocatore può rimanere sulla casella conquistata se il gruppo è soddisfatto dello svolgimento del compito, altrimenti deve ritornare dove si trovava precedentemente. Vince chi per primo raggiunge il numero 14 ottenendo dal lancio del dado il numero esatto per arrivarci. Se il numero ottenuto nell'ultimo lancio non è quello giusto lo studente deve indietreggiare di una casella. Buona fortuna e soprattutto buon divertimento!

ITALIA E ITALIANI

Tema	Primi contatti, viaggio, alloggio

Procedimento: in linea di massima questa pagina in tedesco viene letta dagli studenti a casa. In classe potete comunque fare la seguente attività: dividete la lavagna orizzontalmente in due parti. In alto disegnate una tabella:

Primi contatti	*Biglietti prego!*	*Alloggio*

Nella seconda metà della lavagna scrivete alla rinfusa le seguenti parole ed espressioni: *buongiorno, buonasera, buona giornata, buona serata, tu, lei, voi, diamoci del tu, signore, signora, dottore, dottoressa, professore, professoressa, multa, convalida, albergo, pensione, villaggio turistico, campeggio, agriturismo, una doppia, una matrimoniale.* In plenum lasciate che gli studenti rimettano ordine tra le parole inserendole nella giusta colonna. Lasciate adesso raccontare agli studenti ciò che già sanno dell'Italia relativamente a primi contatti, biglietti e alloggio.

LEZIONE 4 Prendi un caffè?

Pagina introduttiva

Tema	Il bar
Lessico	◆ Spuntini e bevande
Materiale necessario	Cartoncini bianchi e un po' di pennarelli colorati

Guardate la foto.
Procedimento: innanzitutto osservate la foto in plenum. Dove siamo? Chi è la persona che vediamo? Che cosa c'è sul vassoio del cameriere?

Soluzione: *un caffè, un gelato, una birra, un latte macchiato, un'acqua minerale, uno spumante*

Attività introduttiva: dividete la classe in due gruppi e consegnate ad ognuno un set di cartoncini bianchi e pennarelli colorati. Chiedete agli studenti di disegnare in maniera molto stilizzata una bevanda. Al termine fate scambiare i set di cartoncini. Ogni gruppo dovrà indicare il nome dell'oggetto disegnato dagli altri, per esempio: cappuccino, coca-cola, vino ecc. Raccogliete tutti i cartellini e osservateli in plenum chiedendo: *C'è qualche altra bevanda italiana di cui conoscete il nome?*

Attenzione! i cartellini vi serviranno per altre attività.

A Prendiamo un aperitivo?

Tema	Fare ordinazioni al bar
Lessico	◆ Sostantivi relativi a cibi e bevande ◆ *Prendi un Martini?* ◆ *Che cosa prendete?* ◆ *Per me un prosecco.* ◆ *Hai 20 centesimi?*
Grammatica	◆ Presente indicativo dei verbi regolari in *-ere; avere* ◆ Articolo indeterminativo
Materiale necessario	PUNTO 3: cartellini elaborati nel corso dell'attività introduttiva e un sacchetto

1 Osservate.
Procedimento: chiedete agli studenti di osservare i due disegni e di associare le parole sottostanti agli oggetti presenti sul bancone e nella vetrina. Le parole che restano, tranne *pasta,* si riferiscono a quello che aveva il cameriere sul vassoio.

Soluzione: *succo di frutta, zucchero, aranciata; panino, cornetto, tramezzino*

2 Ascoltate. →15

Rispetto al bar gli italiani hanno abitudini piuttosto diverse dai tedeschi. Normalmente la consumazione è piuttosto veloce e si svolge in piedi davanti al bancone. Per andare al bar si usano anche pause molto brevi, di un quarto d'ora e magari ci si va più volte nel corso di una giornata. Se si ha più tempo a disposizione ci si siede, si fanno quattro chiacchiere o si legge il giornale. Spesso c'è differenza di prezzo a seconda che si consumi in piedi o al tavolo perché naturalmente, se ci si siede, si paga il servizio del cameriere.

Procedimento: prima dell'ascolto scrivete alla lavagna i nomi dei tre ragazzi del dialogo: Paolo, Lucia, Claudio. Invitate gli studenti ad ascoltare il dialogo prima a libro chiuso e poi a libro aperto, chiedendo loro di concentrarsi su quanto ordinato da ognuno dei ragazzi e, dopo un paio di ascolti, completate in plenum la tabella alla lavagna.

Soluzione: PAOLO: *un prosecco,* LUCIA: *un Martini bianco,* CLAUDIO: *una spremuta d'arancia*

3 Completate.
Gli specchietti da completare sono due. Il primo è di tipo grammaticale e presenta i verbi *prendere* e *avere*, che vanno completati con le forme mancanti. Il secondo specchietto è invece di tipo comunicativo, ma anche qui viene richiesto un piccolo lavoro grammaticale, cioè di inserire l'articolo indeterminativo. Lasciate lavorare gli studenti individualmente suggerendo di ricavare le informazioni dal dialogo appena ascoltato.

Al termine osservate insieme agli studenti le forme maschili e femminili dell'articolo indeterminativo. Quante sono? Quali sono le differenze? Fate inserire gli articoli nei disegni in fondo alla pagina spiegando

che le immagini dei due camerieri uomo e donna dovrebbero aiutare a memorizzare il tutto. Fate notare che la forma apostrofata di *un* si usa solo per i sostantivi femminili che iniziano per vocale mentre *uno* è necessario davanti a tutti i sostantivi maschili che iniziano per *s+consonante, z, gn, ps, pn*.

Passando ad analizzare il verbo *prendere* potete spiegare che si tratta di un verbo regolare appartenente alla seconda coniugazione terminante in *-ere*. Potete chiedere agli studenti di dettarvi un verbo della prima coniugazione incontrato nella lezione due, per esempio *abitare*, e scriverlo alla lavagna. Scrivete accanto il verbo *prendere* e mettete a confronto le desinenze sottolineando le diversità fra le varie persone.

Il verbo *avere* invece appartiene al gruppo dei verbi irregolari e «bisogna prenderlo così com'è»! Magari potete sottolineare l'importanza di scrivere le diverse voci con *h* perché, sebbene non si senta a livello di pronuncia, la «mutina» ha un importante valore grammaticale e distingue le varie persone di *avere* da altri elementi quali congiunzioni (*o*), preposizioni (*ai, a*) e sostantivi (*anno*).

Soluzione: *prendo, prendi, prendiamo, prendete; hai; un, una;* forme maschili: *un, uno;* femminili: *una, un'*

Attività supplementare: prendete i cartellini elaborati nel corso dell'attività introduttiva e metteteli dentro il sacchetto. Chiedete agli studenti di venire al centro della classe. A turno ognuno estrae un cartoncino e, a seconda di ciò che ha pescato, per esempio *latte macchiato*, dice: *prendo un latte macchiato*. Quando il giro sarà finito si ricomincia daccapo. Questa volta però ogni studente deve dire che cosa prende un'altra persona, sempre sulla base del cartellino pescato, ad esempio: *Uschi prende un aperitivo*. Si possono poi fare altri giri variando sempre i soggetti, per esempio: *Stefan ed io prendiamo ..., Anna e Gudrun prendono..., tu e Cornelia prendete...*, lasciando agli studenti la possibilità di usare la prima, la seconda o la terza persona plurale del verbo *prendere* e esercitare allo stesso tempo gli articoli indeterminativi. Si possono anche sollecitare gli studenti a rispondere a domande del tipo *Stefan e Klaus, che cosa prendete?, Anna, prendi anche tu un caffè?*, ecc.

! Attenzione! i cartellini vi serviranno nel corso dell'attività del dado al punto E.

4 Lavorate in gruppi.

Procedimento: formate dei gruppi di tre o quattro persone. Sedetevi ad un banco e recitate il ruolo del cassiere. Invitate gli studenti a mettersi in fila e venire in gruppi alla cassa. Quando sono davanti a voi devono chiedersi reciprocamente ciò che prendono e uno dovrà ricapitolarvi l'ordinazione.

> **i** Quando si consuma in piedi, davanti al bancone, la scelta avviene molto rapidamente davanti alla cassa o ordinando direttamente al barista.

5 Completate.

Procedimento: lasciate agli studenti due minuti di tempo per lavorare individualmente e inserire gli articoli indeterminativi davanti ai sostantivi indicati. Al termine fate un riscontro in plenum.

Soluzione: (da sinistra a destra) *un cappuccino, una cioccolata calda, un tè verde, una camomilla, uno spumante, un analcolico, un amaro, un tramezzino, una pasta, un panino, un'aranciata amara, un succo di frutta, una coca-cola*

B I numeri

Tema	Numeri
Lessico	◆ Numeri e prezzi

1 Ascoltate e completate. →16

> **i** I numeri da uno a novanta sono noti in Italia per il gioco della Tombola che tuttora viene giocato in famiglia durante le feste natalizie o nelle piazze in occasione di feste cittadine. Consiste nell'estrazione successiva dei numeri che vengono man mano segnati sulle cartelle che ogni giocatore ha davanti a sé. Chi per primo vede estratti tutti i numeri della sua cartella ha «fatto tombola» e vince un premio. Premi minori sono possibili anche per altre combinazioni quali ambo, terno, quaterna e cinquina (rispettivamente due, tre, quattro o cinque numeri in una fila della cartella). Inoltre questi sono i numeri del Lotto e molto spesso sono associati a significati particolari. Per esempio, se sognate di avere tanta paura, il giorno dopo correte a giocare il numero novanta, 77 per le gambe delle donne, 22 se avete fatto una passeggiata in carrozzella e 48 se un morto vi ha parlato!

Procedimento: invitate gli studenti ad ascoltare attentamente la registrazione. Durante il primo ascolto si concentrano solo sulla pronuncia, durante il secondo e il terzo invece completano gli spazi bianchi trascrivendo nel giusto ordine le decine. Al termine lasciate agli studenti un paio di minuti per rileggersi i numeri individualmente.

Soluzione: *trenta, quaranta, cinquanta, sessanta, settanta, ottanta, novanta*

Dado: gli studenti lavorano in coppia. A turno ogni studente può dire un numero, due numeri o tre numeri in progressione, cominciando da uno. Non può dire meno di un numero né più di tre. L'altro studente comincia dal numero successivo a quello con cui il compagno ha terminato e dice a sua volta uno, due o tre numeri progressivi. Poi continua il primo e così via. Vince chi per primo dice *venti*. Esempio di un possibile svolgimento di gioco: STUDENTE A: *uno, due,* STUDENTE B: *tre, quattro, cinque,* A: *sei,* B: *sette, otto, nove,* A: *dieci, undici,* B: *dodici,* A: *tredici, quattordici,* B: *quindici, sedici, diciassette,* A: *diciotto, diciannove, VENTI*. In questo caso vince lo studente A. Il gioco si ripete tre volte all'interno della coppia in maniera che ci sia la possibilità di una rivincita e di un eventuale spareggio.

2 Ascoltate. → 17

Procedimento: prima dell'ascolto osservate la foto insieme agli studenti. Dove siamo? Dite agli studenti che ascolteranno un dialogo in cui alcune persone fanno un'ordinazione. Chiedete loro di concentrarsi sui prezzi e di fare una crocetta solo su quelli che vengono effettivamente detti.

Trascrizione dei dialoghi:

- ● Un caffè e un tramezzino.
- ○ Due euro e quindici.

- ● Un cappuccino, per favore.
- ○ Un euro e venti.

- ● Quant'è?
- ○ Dodici euro.

- ● Un tiramisù da portare via.
- ○ Sono diciassette euro e cinquanta.

- ● Due Martini e una spremuta d'arancia.
- ○ Cinque euro e settanta.

Soluzione: *€ 2.15, € 1.20, € 12.00, € 17.50, € 5.70*

C Volete ordinare?

Tema	Ordinazioni al bar
Lessico	◆ Sostantivi indicanti spuntini e bevande
Grammatica	◆ Plurale dei sostantivi
Materiale necessario	PUNTO 5: un po' di musica da sottofondo

1 Guardate e ascoltate. → 18

Procedimento: prima dell'ascolto osservate l'immagine insieme agli studenti: dove siamo? Che cosa fa il cameriere? Chiedete agli studenti di ascoltare il dialogo cercando di concentrarsi su quello che viene ordinato. Effettuate solo un ascolto e poi chiedete agli studenti quali sostantivi hanno individuato. Nell'attività successiva ci si soffermerà ancora su questo dialogo.

Soluzione: *un caffè, un'acqua minerale naturale, due cappuccini, una minerale gassata, un succo di frutta alla pesca*

2 Ascoltate e completate. → 19

Procedimento: prima dell'ascolto date agli studenti un minuto di tempo per scorrere velocemente il testo del dialogo che ascolteranno di nuovo. Questa volta si tratta di completarlo con le informazioni mancanti. Fate ascoltare il dialogo un paio di volte e infine fate un riscontro in plenum.

Soluzioni: Sì, io vorrei *un caffè* e *un'acqua minerale.* Per me *un cappuccino* e una pasta. Mmm, per me un caffè, una minerale gassata e *una pasta.* Io invece prendo *un succo* di frutta alla pesca.

3 Ascoltate e completate. → 20

Procedimento: durante il primo ascolto chiedete agli studenti di fare attenzione al modo in cui il cameriere riassume le ordinazioni. Guardate poi lo specchietto e procedete ad un nuovo ascolto. Chiedete alla classe di completare le parti mancanti con il plurale dei sostantivi, secondo quanto appena ascoltato. Fate il riscontro in plenum. Riflettete insieme sulle varie forme del plurale. Cosa deducono gli studenti mettendo a confronto i sostantivi singolari e plurali? Dopo aver ascoltato le diverse teorie fate uno specchietto alla lavagna.

	S	P
M	*cappuccino* *bicchiere* *caffè*	*cappuccini* *bicchieri* *caffè*
F	*pasta*	*paste*

Adesso è evidente che i sostantivi terminanti in *-o* al maschile singolare prendono una *-i* al plurale, quelli in *-e* fanno altrettanto, mentre quelli accentati rimangono invariati. Il femminile cambia la *-a* del singolare in *-e*. Potete aggiungere a questo punto un sostantivo femminile che finisca in *-e* (p. es. *la nave*) e far notare che, in questo caso, anche il femminile prende la *-i* al plurale, mentre se è accentato, come per esempio in *università*, rimane invariato.

Soluzione: *cappuccini, bicchieri, paste, caffè*

Dado: dividete la classe in tre o quattro gruppi. Spiegate agli studenti che questa volta si tratta di cercare oggetti in comune, ovvero di tirare fuori tutto quello che si ha in borsa, in tasca, sul banco e di dividerlo per categorie. Ogni gruppo dovrà esporre gli oggetti, ma valgono solo quelli presenti in numero maggiore di uno. Date agli studenti qualche minuto di tempo per organizzarsi e, eventualmente, cercare sul vocabolario il corrispettivo in italiano dei sostantivi non noti.

Al termine ogni gruppo illustra le sue proprietà, ad esempio: *noi abbiamo quattro libri, otto penne, tre borse, quattro portamonete, due cellulari* ecc.

4 Lavorate in coppia.
Procedimento: gli studenti, lavorando in coppia, si leggono a vicenda le ordinazioni prese dal cameriere e trasformano i sostantivi da singolare a plurale, laddove siano presenti due trattini.

Soluzione: TAVOLO 1: *due cornetti, un tè verde, due caffè;* TAVOLO 2: *due cappuccini, due paste, un caffè;* TAVOLO 3: *due spremute d'arancia, un gelato, due tramezzini*

5 Lavorate in gruppi.
Procedimento: dividete la classe in piccoli gruppi. Se formate tre gruppi dovete avere a disposizione anche tre studenti a cui far interpretare il ruolo del cameriere. Chiedete agli studenti di immaginarsi di essere in Italia. Mettete anche un po' di musica come sottofondo. Fate un primo esempio in cui il cameriere siete voi, prendete davvero un blocchetto in mano, avvicinatevi a un gruppo e scrivete l'ordinazione. Adesso lasciate che siano gli altri studenti-camerieri a lavorare e magari fate scambiare un paio di volte il ruolo di clienti e camerieri.

D Com'è il caffè?

Tema	Esprimere un giudizio su alimenti e bevande
Lessico	◆ Aggettivi
Grammatica	◆ Uso degli aggettivi al singolare

1 Ascoltate e abbinate. →21
Procedimento: prima dell'ascolto spiegate agli studenti che sentiranno dei commenti su ciò che mangiano e bevono le persone raffigurate. Chiedete agli studenti di collegare le frasi alle diverse immagini e fate un riscontro in plenum.

Soluzione: (da sinistra a destra e dall'alto in basso) *4, 3, 2, 1*

2 Completate.
Procedimento: riproponete agli studenti lo stesso ascolto chiedendo però di concentrarsi sugli aggettivi al fine di completare lo specchietto. Riflettete insieme sulle terminazioni dei vari aggettivi. Cosa deduce la classe osservando lo specchietto? Potete fare di nuovo una tabella alla lavagna e fissare i risultati della discussione.

M	F
freddo	*buona*
grande	*dolce*

Riprendete in questa fase anche gli aggettivi che sono già comparsi in questa lezione (aranciata *amara*, tè *verde*, Martini *bianco*).

Soluzione: *freddo, buona, dolce*

3 Lavorate in gruppi.
Procedimento: dividete la classe in piccoli gruppi e invitate gli studenti a farsi domande su come sono i cibi e le bevande raffigurati, basandosi sugli esempi dati.

Ascolto

1 Ascoltate e prendete nota. →22
Procedimento: per il lavoro con questo tipo di testo si rimanda al paragrafo corrispondente dell'introduzione, a pag. 7. Spiegate agli studenti che ascolteranno un dialogo un po' più complesso rispetto al quale però il loro compito è quello di annotare solamente le parole conosciute. Al termine del primo ascolto chiedete agli studenti di controllare i risultati con il vicino di destra e, dopo il secondo, con quello di sinistra. Fate il riscontro in plenum annotando alla lavagna tutte le parole che gli studenti vi suggeriranno.

Trascrizione del dialogo:
- ● Ah, è stata veramente una bella serata. Senti, però io adesso andrei a dormire perché ... sono un po' stanco.
- ○ Senti, e domani, a colazione, cosa prendi tu?
- ● Mah, non so, voi di solito cosa prendete?
- ○ Mah, guarda, ... il caffelatte, del pane, la marmellata, o il miele, come preferisci, burro, abbiamo anche del müsli ...
- ● Sì, per me va benissimo, una colazione abbastanza ricca fate quindi voi ...
- ○ Sì, addirittura il fine settimana mangiamo anche l'uovo, quindi ...
- ● Sai, io non sono molto abituato perché di solito faccio colazione con un caffè, al massimo mangio un cornetto, però mi va bene anche quello che mi

hai detto, pane burro e marmellata, ad esempio, mi piace molto.
○ D'accordo, va bene.
● Allora, buonanotte.
○ Buonanotte.

2 **Ascoltate e fate delle ipotesi.** → 22
Procedimento: fate ascoltare di nuovo il dialogo invitando gli studenti a lavorare in coppia e a formulare delle ipotesi rispetto a ciò di cui le persone parlano.

3 **Ascoltate e mettete una crocetta.** → 22
Procedimento: lasciate agli studenti un minuto di tempo per leggere le quattro affermazioni. Dopodiché fate ascoltare nuovamente il dialogo e invitate gli studenti a mettere una crocetta su quelle che corrispondono alla realtà.

Soluzione: MARIA TERESA: *un caffelatte e pane e marmellata;* MARCO: *un caffè e un cornetto*

E Ancora numeri!

Tema	Numeri
Lessico	◆ Numeri, cibi e bevande
Materiale necessario	PUNTO 1 (DADO): i cartellini elaborati nel corso dell'attività introduttiva e un sacchetto PUNTO 4: cartellini bianchi e un sacchetto

1 **Ascoltate.** → 23
Procedimento: invitate gli studenti ad ascoltare la lettura dei numeri seguendo sul proprio libro di testo. Richiamate l'attenzione su *ventuno* e *ventotto*, magari facendo altri esempi quali *trentuno*, *quarantotto* ecc.

Dado: prendete i cartellini elaborati nel corso dell'attività introduttiva e scrivete sul retro il prezzo possibile per il cibo o la bevanda raffigurata. Dividete la classe in due gruppi e spiegate che estrarrete dal sacchetto i vari cartellini con i loro disegni, aggiungendo che avete stimato il costo di ciò che vi è disegnato. I gruppi dovranno consultarsi al proprio interno e tentare di indovinare la cifra. Hanno a disposizione solamente un tentativo. Assegnate un punto al gruppo che indovina o che si avvicina il più possibile all'importo esatto, mostrando quello che avevate precedentemente scritto sul retro del cartoncino. Procedete così finché avrete estratto tutti i cartellini, dopodiché non vi resta che calcolare il punteggio totale e dichiarare il vincitore.

Attività supplementare: si comincia con il numero uno. Basta semplicemente contare, uno dietro l'altro. Il primo studente dice: *uno*, il secondo: *due*, il terzo: *tre*, e così via. Ad una sola cosa si dovrà fare attenzione, a *passare* quando si dovrebbe dire *sette* o un multiplo di questo numero. Invece di dire *quattordici*, *ventuno* ecc. si dice *passo* e si continua così fino a 70.

2 **Ascoltate e sottolineate.** → 24
Procedimento: invitate gli studenti ad ascoltare e sottolineare i numeri che vengono detti.

Soluzione: *44, 600, 68, 15, 1000*

3 **Leggete.**
Procedimento: leggete in classe il brano sui consumi alimentari degli italiani e discutete in plenum i termini non noti. Non richiamate ancora l'attenzione sull'uso della preposizione *di* dopo le quantità: se ne parlerà nella lezione 10.

4 **Completate.**
Procedimento: invitate gli studenti a completare le parti mancanti del testo estrapolando le informazioni necessarie dal brano appena letto. Al termine potete fare una stima sui consumi medi dei tedeschi dando luogo a una discussione collettiva.

Soluzione: *carne, torta, vino*

Attività supplementare: date un cartellino bianco ad ogni studente e chiedetegli di scriverci su quanti soldi ha in tasca. Potete aggiungere scherzosamente che non siete interessati alla situazione finanziaria della classe e quindi non importa che la cifra corrisponda alla realtà. Dopo aver scritto il numero ognuno dice quanti soldi ha, fa vedere il cartellino alla classe e lo mette dentro il sacchetto. Terminato il giro estraete uno per volta i cartellini. Gli studenti dovranno ricordare chi è che aveva quella cifra. Infine, se avete voglia di un po' di matematica, annotate tutte le cifre alla lavagna e sommate il patrimonio complessivo della classe!

F Cosa avete di buono oggi?

Tema	Ristorante
Lessico	◆ Ordinazioni, cibi e bevande
Grammatica	◆ Plurale dell'articolo determinativo
Materiale necessario	PUNTO 2 (DADO): alcuni fogli formato A4

Attività introduttiva: la gastronomia è sicuramente uno dei tanti fiori all'occhiello della cultura italiana. I prodotti sono noti in tutto il mondo e in Germania hanno grande fortuna. Fate un po' di brainstorming chiedendo agli studenti quali sono i piatti italiani che conoscono e, tra questi, quali preferiscono.

1 Ascoltate e completate. →25

Procedimento: prima dell'ascolto invitate gli studenti ad ascoltare il dialogo concentrandosi sui nomi di cibi e bevande conosciuti. Dopo un paio di ascolti chiedete agli studenti di completare la lista dei piatti del giorno.

Soluzione: ANTIPASTI: *bruschetta al pomodoro o ai funghi;* PRIMI: *minestrone, orecchiette al pesto, cannelloni con gli spinaci;* SECONDI: *(carne)coniglio in umido, (pesce) calamari alla siciliana*

2 Completate.

Procedimento: invitate gli studenti a completare lo specchietto con gli articoli determinativi plurali, tratti dal dialogo appena ascoltato. Riflettete insieme sulle forme degli articoli.

Soluzione: *i cannelloni con gli spinaci, le lasagne; i, gli, le*

Dado: scrivete su ogni foglio formato A4 un articolo determinativo, tanto grande da occupare tutto lo spazio. Al termine avrete sette fogli ognuno dei quali riporterà un articolo (*il, lo, l', la, i, gli, le*). Fate due o tre copie di ogni foglio. Dividete la classe in gruppi e consegnate ad ognuno un set di fogli con gli articoli. Spiegate agli studenti che dovranno di nuovo fare una raccolta di oggetti, ma questa volta dovranno disporli sopra il foglio giusto. Ad esempio, **gli** occhiali sul foglio in cui è scritto *gli*, **il** libro su *il*, **lo** specchietto su *lo* ecc. Vince il gruppo che in quattro minuti espone più oggetti. Al termine deponete tutti gli oggetti sulla cattedra. A turno gli studenti si avvicinano, prendono un oggetto e lo restituiscono al probabile proprietario dicendo: *questi sono gli occhiali di ..., questo è il libro di ...* ecc.

3 Prendete appunti.

Procedimento: dividete la lavagna in due colonne: *Informarsi sui piatti del giorno* e *Ordinare*. Lavorando individualmente gli studenti annotano le frasi apprese per esprimersi nelle situazioni indicate. Le frasi vengono scritte nei due riquadri gialli del libro di testo a pagina 38. Al termine si possono controllare le frasi con il vicino. Quindi si può fare un riscontro in plenum durante il quale gli studenti dicono a voce alta ciò che hanno scritto mentre l'insegnante annota alla lavagna le frasi nella categoria corrispondente.

Soluzione: *Cosa avete di buono oggi?; Per me ..., Prendo ..., Provo ..., Mezzo litro di ... per favore.*

L'archivio mobile: consigliate agli studenti di copiare le frasi appena scritte su fogli da inserire nell'archivio mobile.

G Andiamo al ristorante!

Tema	Il menu
Lessico	◆ Cibi e bevande
Materiale necessario	PUNTO 4: un po' di musica da sottofondo

1 Leggete.

Procedimento: lasciate agli studenti qualche minuto per leggere il menu individualmente. Invitateli poi a consultarsi in piccoli gruppi per i sostantivi di cui non conoscono il significato.

2 Un po' di fonetica →26

Procedimento: fate ascoltare agli studenti i consigli del cameriere sui piatti del giorno e invitateli a ripetere le parole da lui pronunciate. Dividete la lavagna in due colonne e inserite i gruppi di parole nella colonna corrispondente. Gli studenti conoscono altre parole da aggiungere alla lista?

gn	gl
gnocchetti	tagliatelle
lasagne	coniglio
agnello	griglia
mugnaia	aglio

Trascrizione del dialogo:

- ● Che cosa avete di buono oggi?
- ○ Allora, di primo gnocchetti al gorgonzola, lasagne o tagliatelle, di secondo coniglio alla griglia, agnello in umido o trota alla mugnaia e di contorno spinaci aglio e olio.

gnocchetti, lasagne, agnello, trota alla mugnaia, tagliatelle, coniglio alla griglia, spinaci aglio e olio

3 Lavorate in coppia.

Procedimento: chiedete agli studenti di lavorare in coppia chiedendosi reciprocamente sulla base dell'esempio offerto quali contorni preferiscono con i vari piatti di carne o di pesce presenti nel menu.

4 Fate conversazione.

Procedimento: dividete la classe in piccoli gruppi. Chiedete agli studenti di immaginarsi di essere al ristorante «La Piazzetta», il cameriere ha appena portato il menu e ora si tratta di ordinare. Se avete voglia di muovervi un po', spostate i banchi in modo che la classe sembri proprio un ristorante, dove la gente sta seduta *intorno* a un tavolo e non *in fila*. Mettete un po' di musica come sottofondo. Prendete voi la prima ordinazione e poi lasciate che siano altri due studenti a fare il cameriere. Create un po' di atmosfera, lasciate un po' di tempo affinché gli studenti possano discutere davvero su quello che vogliono mangiare, si facciano consigliare dai camerieri, li richiamino se hanno cambiato idea o vogliono qualcosa in più.

Si dice così.

Obiettivo	Al termine di quest'attività gli studenti avranno uno schema chiaro di tutte le strutture incontrate durante la seconda lezione.
Materiale necessario	Alcuni fogli formato A4 divisi a metà, possibilmente più rigidi del normale

Procedimento: scrivete alla lavagna le seguenti categorie: *Introdurre una frase, Chiedere qualcosa per favore, Dichiararsi d'accordo, Ordinare qualcosa, Esprimere indecisione, Chiedere l'opinione di qualcuno su qualcosa, Esprimere stupore, Esprimere rammarico, Giudicare qualcosa, Dare qualcosa a qualcuno, Chiedere il prezzo.* Distribuite quindi agli studenti tante metà dei fogli A4 quante sono le categorie (11), chiedendo di scriverne una su ogni foglio. Lasciate agli studenti cinque minuti per scrivere tutte le frasi che conoscono adatte ad esprimersi nelle situazioni indicate. Passati i cinque minuti si confrontano i foglietti con quelli del vicino ed eventualmente si aggiunge ciò che si è dimenticato. Terminata la consultazione si fa un riscontro in plenum durante il quale gli studenti dicono a voce alta ciò che hanno scritto mentre l'insegnante annota alla lavagna le frasi nella categoria corrispondente. Infine si confronta il risultato complessivo con lo schema offerto dal libro.

L'archivio mobile: consigliate agli studenti di inserire i fogli nel loro archivio mobile.

Ricapitoliamo!

Materiale necessario	Fogli formato A4 e un po' di musica da sottofondo

Procedimento: lasciate gli studenti disposti come nell'attività F4, ovvero seduti intorno ai tavoli. Consegnate i fogli formato A4 e chiedete di dividerli in sei parti in cui scriveranno rispettivamente: *antipasti, primi, secondi, contorni, dessert, bevande.* Mettete un po' di musica e invitate gli studenti a scegliere alcuni piatti da inserire nel menu del loro ristorante, tenendo conto dei gusti di tutto il gruppo. Quando i diversi menu saranno pronti, consegnateli ad un gruppo diverso da quello che li ha scritti. Gli studenti discutono tra di loro su cosa prendere e sulle loro preferenze.

GIOCO

Materiale necessario	Alcune fotocopie della pagina 43, possibilmente su fogli più rigidi del normale, e qualche paio di forbici

Procedimento: dividete la classe in tre o quattro gruppi e consegnate ad ognuno una fotocopia della pagina 43. Date agli studenti un po' di tempo per ritagliare i sostantivi e gli aggettivi e ordinarli in maniera corretta sia dal punto di vista semantico che grammaticale. Per esempio è impossibile associare *caffè* con *piccante* oppure *aranciate* con *fredda*. Per ogni sostantivo sono disponibili tre aggettivi e ognuno di questi ultimi può essere usato una volta sola. Dopo aver raggruppato sostantivi e aggettivi gli studenti devono formulare le diverse frasi per intero, con tanto di articolo determinativo e verbo, per esempio: *Il caffè è ristretto*. Assegnate un punto per ogni frase corretta.

Grammatica

Materiale necessario	Fotocopie della pagina 44

Procedimento: distribuite le fotocopie agli studenti e chiedete loro di completarle con gli elementi grammaticali mancanti. Al termine invitateli a confrontare il loro risultato con gli schemi presenti nella grammatica di fine lezione. Invitate gli studenti a leggere individualmente quanto spiegato a pagina 41 e a porre eventuali domande. Lasciate loro il tempo per concentrarsi su questa lettura in classe.

L'archivio mobile: consigliate agli studenti di inserire la fotocopia nel loro archivio.

caffè	vino
acqua minerale	aranciata
doppio	gassata
piccola	grande
costoso	fredda
invecchiato	naturale
ristretto	famoso
dissetante	forte

prendere	bere	....
....	....	ho
....	bevi	....
prende	....	....
....	....	abbiamo
prendete	....	....
....	bevono	....

maschile	femminile
un aperitivo	.... pizza
.... spumante	un'aranciata

maschile	femminile
.... cannelloni	.... lasagne
.... spinaci	

singolare	plurale
un panino	due panin.......
un'aranciata	due aranciat.......
un ristorante	due ristorant.......
un caffè	quattro caff.......

maschile	femminile
Vorrei un tè fredd.......	Vorrei una pizzetta cald.......
Il tè è fredd.......	Questa pizzetta non è cald.......

Inserite: *che cosa, dove, come mai, com', di dov', quando*.

.... prendi?	.... è, signora?
.... è la pizzetta?	.... arrivate?
.... abitate?	.... vai a Senigallia?

LEZIONE 5 *Tu che cosa fai?*

Pagina introduttiva

Tema	Il lavoro nei sogni di un bambino
Lessico	◆ Nomi di professioni
Materiale necessario	Alcune fotocopie della pag. 42 del manuale

Guardate la pubblicità.
Procedimento: osservate la foto in plenum. Quali professioni sogna di fare il bambino? Quali altri nomi di professioni conoscete in italiano?

Attività supplementare: fotocopiate la pag. 42 del manuale. Ritagliate quattro pezzi di carta bianca adatti a coprire i fumetti della fotocopia e attaccateceli sopra. Copiate di nuovo il foglio in maniera che le nuvolette intorno al bambino risultino in bianco. Consegnate una fotocopia ad ogni studente e chiedete di riempire i fumetti disegnando in maniera molto stilizzata le professioni di cui sognavano da bambini. Raccogliete i disegni e attaccateli alla lavagna. Invitate gli studenti ad alzarsi per venire ad osservare i lavori dei compagni. Riusciamo ad individuare di quali professioni si tratta? Quali sono le professioni più ambite nei sogni degli ex-bambini presenti in classe? Prima che gli studenti tornino al loro posto, restituite ad ognuno il proprio foglio e chiedete di conservarlo: servirà per l'attività supplementare del punto A6.

A Faccio il tassista.

Tema	Le professioni
Lessico	◆ Sostantivi relativi a professioni e luoghi di lavoro ◆ *Che cosa fai? Faccio il tassista.* ◆ *Sono medico.*
Grammatica	◆ Il verbo *fare*

1 Lavorate in coppia.
Procedimento: invitate gli studenti ad osservare le immagini e a consultarsi con il proprio vicino per individuare a cosa corrispondano le nove professioni scritte in italiano. Al termine fate un riscontro in plenum.

Soluzione: (da sinistra a destra e dall'alto in basso) *Lehrer/in, Verkäufer/in, Taxifahrer/in, Facharbeiter/in, Krankenpfleger/-schwester, Angestellte/r, Arzt/Ärztin, Hausfrau/-mann, Programmierer/in*

2 Lavorate in gruppi.
Procedimento: dividete la classe in piccoli gruppi e invitate gli studenti ad osservare le immagini dei diversi luoghi di lavoro. Chi lavora in ospedale? Chi in ufficio? E in una fabbrica? Chiedete ai gruppi di scrivere i diversi nomi di professione sotto il rispettivo luogo di lavoro. Quali professioni sono rimaste fuori delle nove rappresentate al punto 1 (*insegnante, commesso/a, tassista* e *casalinga/o*)? Dove lavorano queste persone?

Soluzione: OSPEDALE: *l'infermiera/l'infermiere, il medico;* UFFICIO: *il programmatore/la programmatrice, l'impiegato/l'impiegata;* FABBRICA: *l'operaio specializzato/l'operaia specializzata*

3 Ascoltate. →27
Procedimento: prima dell'ascolto osservate le immagini. Dove si trovano le persone secondo gli studenti? Perché sono all'Università Popolare? Fate ascoltare il modo in cui alcune delle persone raffigurate si presentano. Chiedete di concentrarsi solo sulle professioni che vengono nominate. Quali riescono ad individuare? Dopo un paio di ascolti invitate gli studenti a consultarsi con il vicino e poi fate ascoltare la registrazione ancora una volta.

Soluzione: *infermiera, studentessa, insegnante, tassista, pensionata, impiegata*

Attenzione! Il testo è riportato alla pagina successiva. In questa fase però lasciate che gli studenti si concentrino esclusivamente sull'attività di ascolto senza andare a guardare la trascrizione.

4 Riascoltate e sottolineate. →27
Procedimento: lasciate agli studenti un paio di minuti per leggere il testo e poi fate ascoltare di nuovo le presentazioni. Chiedete di sottolineare il corrispettivo italiano per *Ich bin Taxifahrer, Ich bin Lehrerin, Ich bin Rentnerin.* In un secondo momento invitate gli studenti a trovare l'espressione usata in italiano per indicare l'età.

Soluzione: *faccio il tassista, sono insegnante, sono pensionata; mit dem Verb „avere"*

Attività supplementare: lasciate agli studenti un altro minuto per rileggersi il testo del punto 4. Mentre stanno leggendo scrivete alla lavagna i nomi delle sei persone che partecipano al corso, uno sotto l'altro. Trascorso il minuto, chiedete agli studenti di chiudere il libro e di suggerirvi tutto ciò che si ricordano su di loro. Annotate le informazioni alla lavagna.

5 Completate.
Procedimento: chiedete agli studenti di osservare la parte dello specchietto relativa al verbo *fare* e di individuarne la prima persona aiutandosi con il testo del punto 4. Dopodiché passate ad osservare le domande contenute nella parte comunicativa. Richiamate l'attenzione della classe sul fatto che quando si usa il verbo *fare* per indicare la professione esercitata, il sostantivo è preceduto dall'articolo determinativo, mentre non lo è quando si usa il verbo *essere*.

Soluzione: *faccio*

6 Cercate un collega.
Procedimento: osservate insieme agli studenti i luoghi di lavoro suggeriti dal libro e invitateli ad alzarsi e a girare tra i compagni chiedendo la professione svolta al fine di trovare dei colleghi o comunque delle persone che fanno un lavoro in qualche modo simile al proprio. Dite agli studenti di aiutarsi con le informazioni presenti nel testo oppure di rivolgersi a voi qualora abbiano proprio bisogno di un sostegno esterno. Al termine delle interviste reciproche dividete la classe in due o tre gruppi. Chiedete agli studenti di immaginare la seguente situazione: ci troviamo a Roma per uno scambio culturale fra l'Università Popolare di Roma e quella della loro città. Le due classi s'incontrano e gli studenti si presentano per fare conoscenza. Chi ha coraggio può dire anche la propria età!

B Com'è il nuovo lavoro?

Tema	Parlare del proprio lavoro
Lessico	◆ Aggettivi relativi al lavoro
Grammatica	◆ Plurale degli aggettivi
Materiale necessario	PUNTO 5 (DADO): alcuni mazzi di carte ritagliati dalla fotocopia a pag. 52 PUNTO 5 (ATTIVITÀ ALTERNATIVA): fogli formato A4 e pennarelli colorati

1 Ascoltate. →28
Procedimento: prima dell'ascolto chiedete agli studenti di osservare la foto. Chi c'è? Dove sone le due ragazze? Di cosa possono parlare? Invitate gli studenti ad ascoltare attentamente la registrazione allo scopo di capire se Paola è contenta del suo nuovo lavoro e fate ascoltare il dialogo due o tre volte.

Soluzione: *Paola è molto contenta del suo nuovo lavoro però gli orari sono poco flessibili.*

2 Completate.
Procedimento: chiedete agli studenti di tornare a leggere il dialogo appena ascoltato. Quali momenti della giornata vengono menzionati? Lasciate un paio di minuti di tempo per riempire gli spazi bianchi con le informazioni tratte da B1 e poi fate un riscontro in plenum.

Soluzione: *la mattina, la sera*

3 Mettete una crocetta.
Procedimento: chiedete agli studenti di leggere ancora una volta il dialogo. Lo scopo adesso è quello di individuare gli aggettivi utilizzati da Paola per descrivere il suo nuovo lavoro. Date un paio di minuti di tempo per segnare gli aggettivi con una crocetta.

Soluzione: *impegnativo, vario, stressante*

4 Lavorate in coppia.
Procedimento: chiedete agli studenti di lavorare in coppia ed esprimere la propria opinione sul lavoro di *casalinghi/e, insegnanti, tassisti/e*, secondo l'esempio del libro. Mentre gli studenti parlano tra di loro dividete la lavagna verticalmente in due parti e a sinistra scrivete le tre professioni oggetto della discussione. Dopo qualche minuto fate un riscontro in plenum annotando sulla destra gli aggettivi che gli studenti vi riferiscono su queste professioni. Al termine tornate a considerare le attività svolte dalle persone del punto A4. Scrivetele alla lavagna, sulla parte sinistra: *infermiera, studentessa, pensionata, impiegata*. Date di nuovo qualche minuto di tempo per discutere in coppia del lavoro di queste persone, magari cambiando partner. Al termine fate un riscontro in plenum annotando di nuovo gli aggettivi associati dagli studenti al secondo gruppo di occupazioni.

5 Completate.
Procedimento: fate completare lo specchietto con le forme mancanti degli aggettivi deducendole dal dialogo B1. Invitate gli studenti ad osservare le terminazioni e a dedurre la regola (vedere pag. 51). Guidate la discussione in modo che siano gli studenti stessi a formularla. Disegnate quindi una tabella alla lavagna:

	singolare	*plurale*
maschile		
femminile		

Adesso scegliete un aggettivo fra quelli del punto B3 e inseritelo nella tabella, ad esempio *faticoso*. Lasciate che siano gli studenti a suggerirvi il plurale e il femminile singolare e plurale da scrivere nelle altre tre caselle. Fate lo stesso con un aggettivo terminante in *-e*, ad esempio *interessante*.

Soluzione: *flessibili, simpatiche, giovani; comodi, flessibili, simpatiche, giovani*

Dado: formate delle coppie di circa tre persone. Ogni gruppetto riceve due mazzi di carte (ritagliati dalla fotocopia della pag. 52): uno con i sostantivi (femminili e maschili, al singolare e al plurale) e un altro con gli aggettivi (ai quali manca la desinenza). Il compito dei gruppi è di combinare sostantivi e aggettivi in modo che abbiano senso, di mettere la desinenza giusta all'aggettivo e di scrivere i risultati. Date dieci minuti di tempo e al termine confrontate i risultati in plenum. Per ogni combinazione giusta (significato + desinenza) il gruppo avrà un punto. Vince il gruppo che ha più punti di tutti.

Attività alternativa: raccogliete insieme agli studenti un po' di aggettivi utili a descrivere le diverse professioni e le loro caratteristiche e scriveteli alla lavagna. Suddividete la classe in gruppi di almeno tre persone e consegnate loro i fogli formato A4 e i pennarelli colorati. Ogni gruppo deve fare uno schizzo di una persona che svolge una professione a scelta e, senza specificare di cosa si tratta, disegnare dei fumetti e scriverci dentro delle frasi adatte a descriverla, ad esempio: *il lavoro è interessante, i colleghi sono simpatici, l'orario di lavoro è lungo* ecc. Al termine raccogliete tutto il materiale e attaccate i fogli alla lavagna. Gli studenti vengono ad osservare gli elaborati e, nell'ambito del proprio gruppo, esprimono delle prime ipotesi sulle professioni descritte dagli altri. Trascorso qualche minuto, ogni gruppo può formulare una sola domanda relativa ad ogni elaborato esposto. Consigliate agli studenti di annotare le risposte perché ciò li aiuterà ad avere sempre più informazioni sul lavoro in oggetto. Dopo il giro di domande ogni gruppo ha a disposizione due o tre minuti per discutere, scrivere su un foglietto le professioni descritte e attaccarle sul disegno relativo. Al termine si procede al riscontro in plenum. Vincitore è il gruppo che ha indovinato il maggior numero di professioni.

6 Fate conversazione.

Procedimento: invitate gli studenti a parlare del proprio lavoro con il vicino di banco. Ricordate loro che ormai sono in grado di descrivere tanti aspetti diversi della loro professione e quindi ne hanno di cose da raccontare. Passati alcuni minuti chiedete a qualche studente di parlare alla classe del lavoro del compagno.

Ascolto

Tema	Aspetti diversi di una professione
Lessico	◆ Aggettivi relativi al lavoro
Materiale necessario	PUNTO 4 (ATTIVITÀ SUPPLEMENTARE): due foto di personaggi molto famosi, ritagliate dai giornali, alcuni fogli formati A4 e un po' di musica da sottofondo

1 Ascoltate. →29

Procedimento: prima dell'ascolto dite agli studenti che ascolteranno un dialogo in cui Fulvia ed Alida parlano del proprio lavoro. Chiedete loro di provare a capire solo se sono contente della loro professione e fate ascoltare due volte la conversazione.

Trascrizione del dialogo:

● Tu, Fulvia, lavori?
○ Sì, non lo sapevi che lavoravo? Sì, sì, lavoro.
● Che lavoro fai? Non mi ricordo più.
○ Lavoro in un'agenzia di viaggi, è un tour-operator.
● Ah, un lavoro interessante il tuo.
○ Sì, davvero interessante, sì, sì.
● In cosa consiste?
○ Eh, consiste nel vendere viaggi di altri operatori e poi viaggi nostri come tour-operator che organizziamo noi.
● Un lavoro anche difficile.
○ Sì, diciamo soprattutto quello del tour-operator è difficile e quello dell'agenzia è stressante e abbastanza, diciamo, di precisione.
● E te, Alida, lavori?
△ Sì, lavoro anch'io.
● Dove, Alida?
△ Lavoro in biblioteca.
● Biblioteca Comunale?
△ Biblioteca Comunale.
● Bello, deve essere un lavoro bello questo!
△ È un lavoro abbastanza interessante direi. È un lavoro che ... è stimolante soprattutto perché ho contatti prevalentemente con persone molto giovani, con ragazzi e quindi sotto certi profili è anche divertente ... e il lavoro non è stressante perché è un lavoro soprattutto di contatti umani e quindi è abbastanza riposante anche se sotto certi profili insomma, è impegnativo.

Soluzione: *Sì, Fulvia ed Alida sono contente del proprio lavoro.*

2 Ascoltate e mettete una crocetta. →29
Procedimento: chiedete agli studenti di ascoltare ancora una volta il dialogo e di mettere una crocetta sull'aggettivo utilizzato da Fulvia per descrivere il proprio lavoro.

Soluzione: *interessante*

3 Ascoltate e collegate. →29
Procedimento: fate ascoltare di nuovo il dialogo al fine di scegliere la giusta affermazione tra quelle date dal libro.

Soluzione: *Fulvia lavora per un tour-operator; Alida lavora con persone giovani.*

4 Completate.
Procedimento: chiedete agli studenti di completare le due frasi con i luoghi di lavoro di Fulvia ed Alida.

Soluzione: *Fulvia lavora in un'agenzia di viaggi; Alida lavora in biblioteca.*

Attività supplementare: attaccate le due foto di personaggi famosi alla lavagna. In plenum raccogliete tutti gli aggettivi e altre espressioni che caratterizzano la loro professione e scriveteli sotto le immagini. Fate lavorare gli studenti in coppia: sulla base di quanto scritto alla lavagna cosa potrebbero raccontarsi i due personaggi parlando del loro mestiere? Adesso consegnate i fogli formato A4. Ogni corsista scrive molto grande sul foglio il nome di un personaggio famoso che fa un lavoro da lui considerato interessante. Invitate gli studenti a venire al centro della classe tenendo i fogli in maniera che tutti possano leggerli. Siamo ad un party per personaggi VIP ... Mettete un po' di musica come sottofondo e lasciate che gli studenti, nella loro nuova identità, parlino del proprio lavoro e si interessino di quello degli altri.

C Cucino, pulisco, stiro. E sono contento.

Tema	Una giornata lavorativa
Lessico	◆ Attività diverse e frequenze
Grammatica	◆ I verbi in *-ire (-isc-)* e gli aggettivi possessivi
Materiale necessario	PUNTO 5: un sacco o una busta di stoffa PUNTO 6 (ATTIVITÀ ALTERNATIVA): alcune fotocopie di un foglio formato A3 su cui avrete precedentemente scritto quanto riportato al punto 6

i Il rapporto tra i lavori domestici e il sesso forte è cambiato negli ultimi anni anche in Italia. L'immagine del macho italiano è ormai un luogo comune superato e le nuove generazioni in linea di massima sono molto più disponibili ad aiutare le mogli in casa e a prendersi cura dei bambini.

Attività introduttiva: scrivete grande alla lavagna: *Cucino, pulisco, stiro. E sono contento.* Chiedete alla classe: *chi parla? Che lavoro fa? Quanti anni ha? Cosa racconta questa persona della sua vita?* Discutete i quesiti in plenum. Dividete la lavagna con una linea verticale e annotate qualche ipotesi sulla parte sinistra.

1 Leggete.
Procedimento: leggete in plenum l'articolo. Lasciate agli studenti qualche minuto di tempo per sottolineare le parole che non conoscono e tentare di individuarne il significato collaborando con i vicini di banco. Non spiegate le parti rimaste incomprese. Si chiariranno nel corso dell'attività successiva.

2 Lavorate in coppia.
Procedimento: invitate gli studenti a lavorare in coppia al fine di associare ai disegni le diverse attività svolte da Fiorenzo nel corso della giornata. Intanto disegnate una tabella sulla parte destra della lavagna:

Nome	
Età	
Professione	
La giornata tipo	*mattino:* *pomeriggio:* *sera:*

Raccogliete le informazioni utili a completare la tabella e paragonatele con le ipotesi formulate durante l'attività introduttiva. Ci sono tante differenze? È difficile credere che un uomo sia contento della sua vita da casalingo? Cosa ne pensano gli studenti?

Soluzione: (da sinistra verso destra) *fare il letto, cucinare, stirare, fare la spesa, preparare la colazione, mettere in ordine*

3 Raccontate.

Procedimento: lasciate agli studenti qualche minuto per riflettere sulla frequenza con cui eseguono i lavori domestici. Quando avranno terminato, invitateli a raccontare qualcosa della propria giornata riguardo alle mansioni trattate al punto 2. Dopodiché potete discutere un po' sull'atteggiamento degli uomini rispetto ai lavori domestici, chiedendo agli uomini della classe qual è il loro comportamento e alle donne cosa fanno i loro partner.

4 Completate.

Procedimento: invitate gli studenti a rileggere individualmente il testo C1 allo scopo di completare gli spazi vuoti dello specchietto. Fate concentrare gli studenti sul verbo *finire*. C'è qualcosa di particolare? Spiegate pure che molti verbi della terza coniugazione vengono coniugati secondo questo esempio e chiedete di rileggere attentamente il testo. C'è un verbo simile? Una volta individuato il verbo *pulire* potete aggiungere anche *capire*, sicuramente noto alla maggioranza, a conferma del fatto che il modello in *-isc-* è piuttosto diffuso. Adesso fate osservare lo specchietto di destra, relativo agli aggettivi possessivi. Evidenziate la presenza dell'articolo determinativo davanti al possessivo e sottolineate il fatto che, per la terza persona, esiste una sola forma di aggettivo usata sia per una donna che per un uomo. Ricordate anche che, poiché in italiano la forma di cortesia è rappresentata dalla terza persona singolare, gli aggettivi possessivi *Suo, Sua* corrispondono appunto a tale forma. Infine chiedete agli studenti se notano qualcosa di particolare nell'uso del possessivo e lasciate loro il tempo per mettere a fuoco l'eccezione di *mia moglie*, dove il possessivo non è preceduto dall'articolo. Dite che quest'uso si ritrova in tutte le denominazioni di parentela al singolare.

Soluzione: *finisce; la mia, mia, il suo*

5 Completate.

Procedimento: lasciate agli studenti il tempo per leggere e completare individualmente il testo in cui la moglie di Fiorenzo racconta della sua giornata e del suo ménage familiare. Controllo in coppia e riscontro in plenum.

Soluzione: *il mio, la mia, mio, il suo*

Attività supplementare: chiedete agli studenti di scegliere due oggetti di loro proprietà che non siano penne, libri e quaderni, troppo simili tra loro. Fate disporre i corsisti in cerchio al centro della classe. Ogni studente si avvicina alla cattedra e deposita i suoi due oggetti dicendo per ognuno: *Questo/a è il mio/la mia ...* Ultimato il giro mettete tutto nel sacco o nella busta di stoffa. Invitate uno studente a pescare due oggetti e restituirli al proprietario utilizzando una volta il *tu* e una volta il *Lei*: *Questo/a è il tuo/la tua ..., questo/a è il Suo/la Sua ...* Fate proseguire gli studenti a turno finché tutti gli oggetti saranno tornati nelle mani dei proprietari.

6 Fate un'inchiesta.

Procedimento: invitate gli studenti ad intervistare i propri vicini sulla loro giornata prendendo spunto dalle domande fornite dal libro. Le risposte vengono annotate su un foglietto e al termine si procede ad una discussione in plenum.

Attività alternativa: prendete un foglio formato A3 e dividetelo in cinque colonne. Scrivete una domanda per colonna: *Com'è la tua giornata?, Che cosa fai la mattina/a mezzogiorno/il pomeriggio?, Quali lavori di casa fai volentieri?, Qual è il tuo forte?, Quali lavori di casa non fai volentieri?* Dividete la classe in gruppi e consegnate ad ognuno una fotocopia del foglio da voi preparato. Invitate gli studenti a rispondere alle domande all'interno del gruppo e ad annotare le diverse risposte. Terminati i lavori raccogliete i fogli e attaccateli alla lavagna. Fate alzare gli studenti e invitateli a discutere e rilevare le abitudini e preferenze più diffuse a mo' di statistica.

D Mi dispiace, ma non posso ...

Tema	Impegni nel corso della settimana
Lessico	◆ Giorni della settimana e attività diverse
Grammatica	◆ I verbi modali *potere* e *dovere*
Materiale necessario	PUNTO 6 (ATTIVITÀ SUPPLEMENTARE): alcune fotocopie di un foglio formato A4 diviso in sette colonne in ognuna delle quali è scritto un giorno della settimana

1 Ascoltate. → 30

Procedimento: prima dell'ascolto spiegate agli studenti che ascolteranno un dialogo in cui due persone parlano degli impegni che hanno durante la settimana e che è importante capire solo di quali giorni si parla. Fate ascoltare il testo due o tre volte.

Soluzione: *martedì, giovedì, domenica*

2 Completate

Procedimento: lasciate agli studenti il tempo per inserire i giorni della settimana mancanti, deducendoli dal testo del dialogo e invitateli a confrontarli poi con il calendario della lezione 2 a pag. 23.

Soluzione: *martedì, giovedì, domenica*

3 Completate e confrontate.

Procedimento: lavorando individualmente gli studenti annotano gli impegni di Cristina per il martedì, il giovedì e la domenica. Dopodiché confrontano i risultati con il vicino.

Soluzione: *martedì ha un appuntamento dal dentista; giovedì, la mattina lavora e poi va a prendere Rebecca, come al solito; domenica va a trovare la mamma di Andrea.*

4 Completate.

Procedimento: gli studenti lavorano individualmente e completano lo specchietto con le forme mancanti dei verbi *potere* e *dovere*, deducendole dal dialogo D1. Fate osservare le domande della parte comunicativa dello specchietto e sottolineate che il verbo modale è sempre seguito immediatamente dall'infinito.

Soluzione: *posso, puoi, possiamo; devo, devi*

Dado: chiedete agli studenti di pensare alle persone più importanti con cui hanno a che fare nella vita quotidiana, per esempio *mio marito, la mia collega Anna, il mio amico Lorenzo, mio figlio, la mia ragazza* ecc. Lavorando in coppia gli studenti si raccontano reciprocamente alcune cose che queste *persone possono, devono, non possono, non devono* fare nel corso della settimana e in vari momenti della giornata. Mentre gli studenti lavorano girate per la classe e correggete le frasi errate. Al termine fate qualche domanda di controllo.

5 Lavorate in gruppi.

Procedimento: gli studenti lavorano in piccoli gruppi e preparano quattro domande relative al dialogo tra Cristina e Andrea, sulla base dell'esempio fornito dal libro. Al termine ogni gruppo rivolge i suoi quesiti ad un altro.

6 Dite perché.

Procedimento: chiedete agli studenti di immaginare alcuni impegni a causa dei quali la prossima volta non possono venire al corso di italiano (che è stato spostato ad un altro giorno). Raccogliete le diverse motivazioni e magari annotatele alla lavagna. Ribadite che si tratta di una finzione onde evitare malintesi.

Attività supplementare: consegnate ad ogni studente una fotocopia del foglio formato A4 diviso in sette colonne ognuna contenente un giorno della settimana. Chiedete agli studenti di riportarvi gli impegni più importanti della prossima settimana e poi in plenum cercate di trovare un giorno alternativo in cui tutti possano venire al corso di italiano.

7 Lavorate in gruppi.

Procedimento: dividete la classe in gruppi e chiedete agli studenti di organizzare la loro vita all'interno di un appartamento che condividono con altre persone. È indispensabile una lista delle cose che si devono fare e la disponibilità dei coinquilini ad assumersi i diversi impegni!!

E Un po' di fonetica

Tema	Fonetica
Obiettivo	Distinzione nella pronuncia fra le consonanti doppie e quelle singole

1 Ascoltate e completate. → 31

Procedimento: fate ascoltare la registrazione una prima volta chiedendo agli studenti di concentrarsi solo sull'ascolto. Adesso lasciate un minuto di tempo per leggere le parole scritte sul libro. Fate ascoltare di nuovo al fine di completare le parole con una o due consonanti e invitate gli studenti a confrontare i propri risultati con quelli del vicino. Fate ascoltare di nuovo e procedete al riscontro in plenum. Non occorre essere artisti: fate uno schizzo alla lavagna di: una *palla*, una *pala*, una *cassa*, una *casa*, la *pappa* e il *papa*. Scrivete alla rinfusa i sostantivi relativi agli schizzi e chiedete agli studenti di associarli ai disegni. Sottolineate l'importanza della doppia consonante che a volte serve addirittura a distinguere una parola dall'altra.

Soluzione: *fabbrica, commesso, pensionato, tassista, ufficio, flessibile, negozio, sabato, collega, oggi, avvocato, macchina, agenzia, mezzogiorno, pomeriggio, colloquio, interessante, ditta, architetto, stressante*

Si dice così.

Obiettivo	Al termine di quest'attività gli studenti avranno uno schema chiaro delle strutture comunicative incontrate durante la quinta lezione.
Materiale necessario	Alcuni fogli formato A4 divisi a metà, possibilmente più rigidi del normale

Procedimento: scrivete alla lavagna le seguenti categorie: *Dichiarare la propria età, Dire che una cosa piace, Rivolgersi perentoriamente all'interlocutore, Esprimere soddisfazione, Esprimere rammarico, Esprimere fiducia, Dire la propria professione, Esprimere sollievo, Chiedere il perché/motivare qualcosa*. Distribuite agli studenti tante metà dei fogli A4 quante sono le categorie (9), chiedendo di scriverne una su ogni foglio. Lasciate agli studenti cinque minuti per scrivere tutte le frasi che conoscono adatte ad esprimersi nelle situazioni indicate. Passati i cinque minuti i corsisti confrontano i loro foglietti con quelli del vicino ed eventualmente aggiungono ciò di cui non si erano ricordati. Terminata la consultazione si fa un riscontro in plenum durante il quale gli studenti dicono a voce alta ciò che hanno scritto mentre l'insegnante annota alla lavagna le frasi nella categoria corrispondente. Infine si confronta il risultato complessivo con lo schema offerto dal libro.

L'archivio mobile: consigliate agli studenti di inserire i fogli nel loro archivio mobile.

Ricapitoliamo!

Procedimento: invitate gli studenti ad osservare le quattro persone raffigurate e a sceglierne una con la quale identificarsi. Lasciate un po' di tempo per riflettere e magari prendere qualche appunto su ciò che la persona scelta potrebbe raccontare di sé, del suo lavoro, delle sue giornate, dei suoi impegni. Dopodiché ogni studente racconterà queste cose al vicino che potrà intervenire facendo delle domande.

GIOCO

Materiale necessario	Alcune fotocopie della pagina 53, possibilmente su fogli più rigidi del normale, e qualche paio di forbici

Procedimento: formate delle coppie e consegnate ad ognuna una fotocopia e un paio di forbici. Chiedete agli studenti di ritagliare le carte, di disporle alla rinfusa sul banco con la parte scritta rivolta verso il basso e di pescarne otto per ciascuno. Spiegate le regole del gioco: ogni giocatore, a turno, gioca una carta e completa la frase indicata. Se la frase è sbagliata l'avversario ha il diritto di ritirare la carta e metterla da parte, altrimenti deve giocarne una a sua volta, ma con un simbolo diverso da quella in tavola, e completare la sua frase. Anche in questo caso un errore dà all'altro il diritto di prendere la carta e di giocarne una delle sue. Qualora tutte e due le frasi siano corrette si procede a controllare i simboli: il sole vince sulla luna, la luna vince sulle stelle e le stelle vincono sul sole. Se il giocatore non ha una carta con un simbolo diverso da quella in tavola deve passare il turno all'avversario. Naturalmente vince chi riesce a collezionare più carte.

Grammatica

Materiale necessario	Fotocopie della pagina 54

Procedimento: distribuite le fotocopie agli studenti e chiedete di completarle con gli elementi grammaticali mancanti. Al termine fate confrontare il risultato con gli schemi forniti dalla grammatica di fine lezione. Invitate gli studenti a leggere individualmente quanto spiegato a pagina 51 e a porre eventuali domande. Lasciate loro il tempo per concentrarsi su questa lettura in classe.

L'archivio mobile: consigliate agli studenti di inserire la fotocopia nel loro archivio.

un collega	due signore	un'insegnante
i tassisti	una scuola	le ditte
un problema	gli studenti	i lavori
una conversazione	tre ragazze	un gruppo
simpatic...	comod...	flessibil...
giovan...	interessant...	impegnativ...
creativ...	noios...	faticos...
grand...	vari...	stressant...

Spesso la mattina	*Ogni tanto la sera* ....
.... *medico e il mio lavoro è*	*La mia professione è* ....
Il martedì pomeriggio devo	*La domenica non devo* ....
Sono .... *e il mio lavoro è*	*Sono pensionato e posso* ....
La domenica pomeriggio	*Il lunedì mattina* ....
Faccio il tassista e ogni tanto devo	*Il mio orario di lavoro è* ....
Questa sera posso	*Il mercoledì non posso* ....
Faccio il .... *e il mio lavoro non è*	*Faccio l'insegnante e devo* ....

maschile	femminile
l'impiegat.....	l'impiegat.....
l'infermier.....	l'infermier.....
il programmator.....	la programmatric.....
il/la tassist.....	
il medic.....	
l'insegnant.....	

	finire	fare	potere	dovere
io	....	....	....	....
tu	finisci	....	puoi	....
lui, lei, Lei	....	fa	....	deve
noi	finiamo	....	possiamo	....
voi	....	fate	....	dovete
loro	finiscono	fanno	possono	....

maschile	femminile
il .... lavoro	la mia giornata
.... tuo lavoro	la .... giornata
il ..../Suo lavoro	la sua/.......... giornata
.... marito	mia moglie

singolare	plurale
chiuso	chius.....
chiusa	chius.....
flessibile	flessibil.....
simpatic.....	simpatici
simpatic.....	simpatiche

Ripasso

A Ancora vocaboli

Tema	Strategie di apprendimento del vocabolario
Lessico	◆ Vocabolario generico
Materiale necessario	ATTIVITÀ INTRODUTTIVA: alcuni fogli formato A4 divisi a metà, degli stick di colla, qualche paio di forbici e alcune riviste PUNTO 1: alcuni cartoncini, pennarelli colorati e riviste PUNTO 2 (ATTIVITÀ SUPPLEMENTARE): due blocchetti di post-it di colore diverso PUNTO 4: post-it e cartoncini rigidi

➡ **Attività introduttiva:** spiegate agli studenti che avete intenzione di fare un dizionario illustrato della classe. Dividete la classe in gruppi e consegnate ad ognuno i fogli formato A4 divisi a metà, gli stick di colla, le forbici e qualche rivista. Assegnate ad ogni gruppo il compito di cercare nelle riviste immagini di oggetti di cui conoscano il nome in italiano. Attenzione però: ogni gruppo si occupa solo di alcune lettere dell'alfabeto e quindi cerca immagini di oggetti che inizino con quelle lettere. Dopo averle trovate, le ritagliano, ne incollano una per ogni foglio e scrivono sotto l'iniziale e tanti trattini quanti sono le lettere che formano la parola per esteso, ad esempio *b*_ _ _ _ _ _ _ _ per *bottiglia*. Gli altri gruppi fanno la stessa cosa per altre lettere. Scambiate i fogli dei diversi gruppi e chiedete adesso di scrivere per esteso i sostantivi che si riferiscono alle immagini. Al termine raccogliete tutti i fogli e con l'aiuto degli studenti fatene una bella esposizione disponendoli in ordine alfabetico. Se aveste voglia di rilegare gli elaborati potreste fare davvero un dizionario illustrato!

1 Parole illustrate

Procedimento: *l'archivio mobile* dovrebbe ormai essere un'abitudine della classe. Discutete in plenum della sua utilità e dell'uso che ne fanno i singoli studenti. Lo stanno veramente compilando? È vero che ogni tanto se lo riguardano? Probabilmente a molti piace imparare parole mediante l'uso di cartellini e foglietti. Ad altri forse no e non importa. Ognuno ha il proprio metodo e niente è obbligatorio per tutti. Per una volta però si può provare a fare l'esperimento insieme. Consegnate dei cartoncini e chiedete agli studenti di scrivere una lista di cinque vocaboli. Distribuite i pennarelli colorati e lasciate il tempo di fare accanto ad ogni vocabolo un piccolo schizzo che serva ad illustrarne il significato. Se avete un po' di tempo consegnate anche le riviste da cui possono essere ritagliate piccole foto o disegni relativi al vocabolo.

Fate un sondaggio in classe: lasciate che gli studenti immaginino di avere due articoli che parlano di una città bellissima in cui sognano di trascorrere le prossime vacanze. Un articolo contiene molte informazioni di ogni tipo e l'altro invece qualche informazione in meno ma in compenso delle bellissime foto. Quanti studenti preferiscono il primo? Quanti il secondo? Perché? Discutete insieme del sostegno offerto dalle immagini.

2 Le cose di tutti i giorni

Procedimento: chiedete agli studenti di pensare alla loro casa. Probabilmente ci sono molti oggetti di cui conoscono il nome in italiano. Fate scrivere quei vocaboli su dei post-it e invitateli ad attaccarli a piante, bottiglie, bicchieri o finestre nel loro appartamento. Muovendosi per casa lo sguardo si poserà sugli oggetti e sui post-it e dopo un po' il sostantivo italiano diventerà indimenticabile! E perché non scrivere ogni volta sul calendario settimanale i giorni in italiano?

➡ **Attività supplementare:** dividete la classe in due gruppi e consegnate ad ognuno un blocchetto di post-it con un colore diverso. Invitate gli studenti a guardarsi intorno: di quanti oggetti presenti in classe conoscono il nome in italiano? Cronometrate: i gruppi hanno a disposizione cinque minuti di tempo per scrivere un vocabolo su ogni post-it e attaccarlo all'oggetto corrispondente. Scaduti i cinque minuti guardatevi intorno e dichiarate vincitore il gruppo che ha seminato più foglietti in giro per la stanza.

3 Rime e ritmi

Procedimento: anche le rime e il ritmo delle parole sono strumenti utili a memorizzarle. Forse alcuni scambiano in continuazione il significato di *cena* e *pranzo*. In questo caso potrebbe essere utile associare la parola *cena* con *sera* che contiene le stesse vocali e lo stesso numero di sillabe e indica il momento della giornata in cui si colloca la cena.

Altre parole come ad esempio *appuntamento* potrebbero essere terribilmente lunghe e difficili. Ci si può concentrare sul suo ritmo, cercare una rima e comporre una frase: *ho un appuntamento con Leo in piazza Trento.*

4 Provate un po'!

Procedimento: invitate gli studenti a sfogliare le pagine delle lezioni 4 e 5 e a tirarne fuori tre vocaboli ritenuti veramente «odiosi». Consegnate post-it e cartoncini. Chiedete di mettere in pratica i tre sistemi di apprendimento dei vocaboli appena sperimentati. Su di un cartoncino si può fare uno schizzo, scrivere la parola e inserirla nell'archivio mobile. Su di un post-it si può scrivere un vocabolo e attaccarlo all'oggetto corrispondente, se possibile, o semplicemente sulla pagina del libro che lo contiene in maniera che il post-it funzioni un po' da segnalibro e costringa a riaprire più spesso il testo, ahimè proprio in quel punto. Per la terza parola invece è necessario trovare una rima, un'assonanza, un'affinità che può essere anche solo sul piano del significato e comporre una frase da scrivere su un cartoncino.

B Impariamo ad ascoltare.

Tema	Strategie di comprensione dell'ascolto
Lessico	◆ Lessico in uso nelle piccole conversazioni di tutti i giorni
Materiale necessario	ATTIVITÀ INTRODUTTIVA: alcuni fogli formato A4 PUNTO 1 (ATTIVITÀ SUPPLEMENTARE): alcuni post-it

Attività introduttiva: fate un'indagine in classe: c'è una lingua che nessuno conosce? Il cinese o l'ebraico o il russo? Probabilmente non sarà difficile accordarvi su una lingua sconosciuta da tutti tra le tante parlate nel mondo. Mettiamo il caso che abbiate scelto l'indonesiano. Consegnate i fogli formato A4 e rivolgetevi ai corsisti: «Benissimo, adesso chiudete gli occhi e immaginatevi di essere andati a fare un viaggio in Indonesia. È un viaggio di lavoro e siete vicini al centro di Giacarta. La sera, mentre tornate in albergo, assistete ad una scena animata. Due persone parlano in indonesiano. Non si capisce niente, ma il tono della voce è molto agitato, le persone strillano, sono arrabbiate. Che cosa potrebbe essere successo?» Invitate gli studenti ad annotare le loro ipotesi sui fogli. Adesso si chiudono gli occhi nuovamente. «Vi fermate un attimo per tentare di capire che cosa succede. Le persone continuano a parlare in maniera concitata. Sono vicine a due macchine ferme. Tutto intorno è un frastuono di rumori: il traffico è intenso e su una parte della strada è bloccato. Che cosa potrebbe essere successo?» Dopo una riflessione gli studenti «si svegliano» di nuovo e appuntano le nuove ipotesi sui loro fogli. Occhi chiusi per l'ultima volta: «Nel flusso indistinto delle parole indonesiane vi sembra di riconoscerne una che suona simile a *polizia (polisi)*. Durante l'animato dialogo la parola ricorre più volte fino a che si avvertono effettivamente le sirene della polizia. Sono passati due o tre minuti circa da quando vi siete fermati. Guardate l'orologio, vi girate e riprendete la strada.» Lasciate di nuovo il tempo per scrivere le ipotesi riguardo all'accaduto e descrivere nei particolari tutto ciò che si sono immaginati. In plenum fate illustrare le scene elaborate dagli studenti. Se riuscite a ricomporre una scena in cui due indonesiani hanno fatto un incidente stradale e discutono fino a che arriva la polizia siete sulla buona strada. Considerate ad ogni modo quest'attività come assolutamente facoltativa.

Invitate adesso gli studenti a ritornare con la memoria ai testi ascoltati nel corso delle lezioni precedenti. Alcuni erano stampati nel libro, altri no. Sicuramente si sono accorti che non è sempre necessario capire tutte le singole parole ma che molto può essere dedotto da altre informazioni. Immaginarsi la situazione e il contesto di un dialogo, considerare il tono della voce e concentrarsi su un'informazione aiuta a ricomporre le tessere del mosaico e serve a mettere a fuoco il quadro.

1 C'è tono e tono! → 32, 33, 34, 35

Procedimento: spiegate agli studenti che ascolteranno quattro brevi dialoghi. Sulla base dell'esperimento fatto nell'attività introduttiva invitateli a cercare di capire il tipo di situazione, soprattutto concentrandosi sul tono delle voci. C'è chi si lamenta, chi chiede un'informazione, chi sfoga la propria rabbia e chi invece racconta un episodio divertente. Chiedete agli studenti di scrivere il numero di ogni dialogo accanto alle situazioni descritte nel libro.

Trascrizione dei dialoghi:

1. ● Ciao Roberta!
   ○ Ah Marina, ciao!
   ● Senti, meno male che t'ho incontrato perché ti volevo chiedere un paio di informazioni e ti volevo già chiamare al telefono nei giorni scorsi ...
   ○ Ah ah!
   ● Ho bisogno di un paio d'informazioni ... sulla tua ditta!
   ○ Hm hm.
   ● Perché so che cercano dei programmatori.
   ○ Sì, cercano ... quattro persone ...
   ● Quattro persone addirittura!
   ○ Sì sì sì ...
   ● Ah, e da quando?

○ Eh, da ... hm ... da una settimana e l'annuncio esce venerdì sul Corriere.
● Ah sul Corriere! Bene, allora lo compro!
○ Sì, insomma, so che cercano due persone a tempo pieno e anche due persone ... ehm part-time.
● Ah, part-time? Questo mi interesserebbe molto ...
○ Sì sì sì ...
● ... perché così almeno riesco a combinare anche con un altro lavoretto che ho trovato ...
○ Eh vedi!
● ... potrebbe essere una ... una buona soluzione ... sì. E part-time, cosa intendi? Quante ore?
○ Ma, credo che siano quattro ore al giorno.
● Quattro ore la matt ...
○ Vogliono dividere un posto per due persone, sì.
● Alla mattina o al pomeriggio?
○ Questo non lo so ... questo forse lo ... ti dovrai metter d'accordo nel caso, dopo, insomma.
● Hm ... sì sì sì ho capito!

2. ● Senta, scusi!
○ Sì?
● Senta! Io ho aspettato mezz'ora, per avere la pasta! La pasta era fredda! Ora mi ha portato questa carne che è immangiabile perché è mezza bruciata ... Ma, insomma, non è possibile trattare i clienti così, eh!
○ Mi dispiace signora! Guardi, oggi è una giornata un po' particolare, ci sono state molte persone ... se ... se vuole, la rifacciamo alla svelta e le portiamo subito qualcosa ... in ...
● No, guardi, io a questo punto ... m'è passato l'appetito, Lei mi faccia il conto, mi porti il conto perché io prendo e me ne vado!

3. ● Senti un po', Tommaso, ma ... hm ... tu domani non hai un po' di tempo perché io devo portare i bambini al corso di nuoto, devo far la spesa, poi viene mia madre e ... io sono anche abbastanza stanca. Bisogna pulir la casa, tu che ... che programmi hai?
○ Ma ... proprio domani ... ti ricordi? Avevo detto che domani avevo una giornata piena ...
● Ehh, sì, ho capito! Va bene, allora mi tocca fare tutto da sola ... Almeno puoi tornare un pochino prima dal lavoro?
○ Eh, non lo so! Se ... se ce la faccio senz'altro ...
● Perché sai, è anche un po' brutto quando viene mia madre in fondo non ci ... non ci trova mai tutti insieme, sai?
○ Ma una mezz'ora di differenza, cosa vuoi che sia?!
● Eh, vabbè! Sempre come al solito!
○ Eh! Tanto non ti va mai bene!

4. ● E ... tuo figlio come sta?
○ Ah, guarda, è una sagoma!
● Davvero?
○ Sì! Adesso si è messo in testa che vuole fare il cameriere, hai capito?
● Sa già che cosa vuole fare da grande, allora!
○ Ha già deciso che vuol fare il cameriere ... e, perché sai, a lui ... gli piace bere la Coca Cola, gli piacciono i gelati e allora è convinto che facendo il cameriere può sempre bere la Coca Cola quando vuole e sempre mangiare i gelati ... hai capito?!
● E lui, quanti anni ha?
○ Cinque! Cinque!
● È così piccino ...
○ Come no!
● ... e già ha ... e già sa cosa vuol fare da grande!
○ Come no! Allora, l'altro giorno, pensa, eravamo giù al bar vicino, sotto casa e allora ... va dal cameriere e gli dice che vuole lavorare!
● Ehhh! e il cameriere?
○ Il cameriere ovviamente si è messo a ridere, gli ha dato delle caramelle, lui tutto contento così ... E adesso lui è convinto che può sempre fare così! Mi dice «Sai mamma, adesso andiamo giù, io gli dico che lavoro e così loro mi danno le caramelle!» Hai visto?
● Ma è davvero buffo, eh!
○ Ecco ...

Soluzione: *Klage: 3, Information: 1, lustiges Erlebnis: 4, Ärger: 2*

Attività supplementare: lo scopo dei dialoghi appena ascoltati non è quello di capire le parole, ma di individuare dei punti di riferimento che aiutino a mettere a fuoco il contesto. Dividete la lavagna in quattro parti e scrivete una situazione in ogni riquadro: *una persona si lamenta, una persona si informa, una persona sfoga la propria rabbia, una persona racconta un fatto divertente*. Disponete le sedie al centro della classe in semicerchio. Gli studenti lavorano in coppia e sono seduti l'uno di fronte all'altro, armati solo di penna e post-it nonché di capacità di concentrazione. Ripetete gli ascolti del punto B1. Gli studenti si raccontano quello che hanno capito e appuntano le informazioni più importanti sui post-it. Invitateli ad attaccare i post-it alla lavagna sui riquadri corrispondenti e dategli il tempo di leggere le informazioni scritte dalle altre coppie. Fate tornare gli studenti a sedersi, scambiate le coppie e date il via ad un nuovo ascolto seguito da consultazione, raccolta e pubblicazione di informazioni. Ripetete un'ultima volta l'ascolto con coppie ancora diverse e sulla base di tutti i post-it attaccati alla lavagna ricostruite il più possibile di ciò che avete appena ascoltato.

2 Gesti, mimica e altri fattori

Procedimento: riflettete ancora insieme agli studenti. È chiaro per tutti che il tono della voce aiuta a capire un dialogo e che accanto a questa informazione ce ne sono altre molto utili. I rumori di sottofondo, come quelli di macchine e motorini nella scena immaginata durante l'attività introduttiva erano l'unico indizio che poteva far pensare ad un incidente stradale. Non sempre quindi i rumori disturbano la comprensione delle parole, anzi, a volte aiutano a capire di più. A pagina 53 è riprodotta una tabella in cui sono indicati diversi tipi di testo e i diversi tipi di informazione che aiutano a capirli. Invitate gli studenti a mettere una crocetta sui fattori che, secondo la loro esperienza, favoriscono la comprensione dei diversi tipi di testo. Discutetene in plenum.

3 Ed ora attenzione! → 36

Fate ascoltare un dialogo sconosciuto. Le strategie di orientamento durante l'ascolto ormai sono state affinate. Ricordate agli studenti la situazione dei due indonesiani e rassicurateli sul fatto che comunque si ascolteranno degli italiani, per cui già si è avvantaggiati! Invitateli a concentrarsi cercando di prestare attenzione a tutti gli aspetti adatti a favorire la comprensione, sui quali si è discusso. Fate ascoltare più volte il dialogo. Al termine ogni studente racconta non tanto ciò che ha capito, ma quali elementi, tra quelli presenti nella tabella, gli sono stati di aiuto nella comprensione.

Trascrizione del dialogo:

- ● Buonasera! Avrei bisogno di un paio di informazioni sui treni e sugli orari e sui prezzi ...
- ○ Sì, dica!
- ● Eh, dovrei partire da Roma e arrivare a Stoccarda e avrei intenzione di partire di sera ...
- ○ Hm hm ...
- ● ... mi può dire che treni ci sono?
- ○ Sì, dunque, via Monaco ... dunque, c'è un treno alle 19.30 e arriva a Stoccarda alle 9.03 ...
- ● Sì ...
- ○ ... però deve cambiare due volte ...
- ● No, cambiare due volte no, non ho intenzione di cambiare così spesso ...
- ○ Bene ... E allora ce n'è un altro alle 21.37 e arriva a Stoccarda alle 11.03 ...
- ● Hm hm.
- ○ ... e deve cambiare solo a Monaco.
- ● Ecco, questo sarebbe ... sarebbe giusto, sarebbe ottimo.
- ○ Bene, quando vuole partire?
- ● Domani sera.
- ○ Hm hm.
- ● Senta, ho sentito che ci sono ... eh ... ci sono delle cuccette da quattro ... è vero?
- ○ Sì, ci sono delle cuccette da quattro e sono anche abbastanza comode ...
- ● Ecco ... vorrei prenotare un posto in una cuccetta da quattro.
- ○ Bene, vediamo se c'è posto! Sì ... ehhh, lo vuole in alto o in basso?
- ● In alto, grazie!
- ○ In alto, bene, sì, c'è posto!

C Ma quante domande!

Tema	Scene di vita quotidiana
Lessico	◆ Forme interrogative
Materiale necessario	Due pedine o monete

1 Domandate e rispondete.

Procedimento: Osservate le immagini a pag. 54. Quali domande si possono formulare a proposito dei temi indicati? Fate una raccolta di domande su ognuno dei temi proposti sulla sinistra del campo di gioco utilizzando per far ciò le parole presentate sulla destra. Importante: le domande possono anche essere un po' giocose o non del tutto realistiche. Ad esempio: *Perché lavori? Che cosa prendi di solito al bar alle 10.00 di mattina? Quando pulisci le finestre di casa?* Dividete la classe in due gruppi. Le due squadre devono farsi reciprocamente delle domande sugli argomenti illustrati. La squadra che deve rispondere decide il tema su cui vuole essere interrogata e mette una pedina sull'illustrazione corrispondente, la squadra che ha il compito di formulare il quesito decide l'interrogativo, mette una pedina sulla casella corrispondente, poi formula la domanda. Gli avversari rispondono e, se la risposta è corretta, formulano a loro volta una domanda. Il gruppo che risponde a questo punto può muovere una sola delle pedine/monete, quindi o si rimane sullo stesso tema e si cambia l'interrogativo oppure si mantiene quest'ultimo e si cambia l'argomento. Per questo tipo di gioco non è previsto punteggio ma una durata di tempo di 15-20 minuti. Buon divertimento!

ITALIA E ITALIANI

Tema	Italiani al bar, al ristorante e in famiglia
Materiale necessario	Alcune fotocopie della pagina 59

Procedimento: fotocopiate la pagina 59 e distribuitela agli studenti. Invitateli a compilare il test *vero/falso* sulla base delle proprie conoscenze e senza consultare la pagina, che dovrebbe essere stata già letta a casa. Lasciate loro il tempo per discutere delle proprie risposte con il vicino. Una volta che gli studenti si sono consultati fra di loro, cercate di portare la discussione in plenum. Gli studenti avevano forse delle convinzioni sbagliate prima della lettura? Quale aspetto di vita fra quelli esaminati li sorprende di più? Cosa gli piacerebbe fare *all'italiana* e cosa non farebbero mai? Parlatene insieme.

	vero	falso
Il caffè macchiato è un caffè con un po' di latte.		
Il caffè corretto è un caffè con un po' di panna.		
Il caffè lungo è un caffè con un po' di cognac o grappa.		
Il caffè ristretto è poco in quantità e molto forte.		
Gli italiani bevono il cappuccino a tutte le ore.		
La caffettiera è una macchinetta per preparare un espresso.		
Gli italiani generalmente fanno colazione con un caffè o con latte e biscotti.		
Di solito gli italiani prendono il caffè al bar in piedi.		
Una pasta del bar è uno spuntino dolce.		
«Offro io» significa „Ich lade dich ein".		
Nel menu della pizzeria c'è soprattutto pizza ma anche pasta.		
Il coperto è incluso nel prezzo.		
Le donne italiane in genere non lavorano quando hanno i bambini piccoli.		
Di solito gli uomini italiani non aiutano le donne nei lavori domestici.		

7 C'è una banca qui vicino?

Pagina introduttiva

Tema	Negozi e servizi
Lessico	◆ Sostantivi che indicano servizi e negozi
Materiale necessario	Fotocopia ingrandita della pagina 68

Attività introduttiva: fotocopiate la pag. 68 della guida per l'insegnante, possibilmente su un cartoncino rigido. Ritagliate le carte e formate due mazzi: in uno sono contenuti *negozi/uffici*, nell'altro *oggetti/servizi* che vi si possono comprare o ottenere. Mettete un banco al centro della classe, invitate gli studenti a disporsi in cerchio intorno al «tavolo da gioco» e divideteli in modo che ogni semicerchio rappresenti un gruppo. Avvertite gli studenti che vi occuperete dell'argomento *negozi e servizi* e invitateli a scegliere per il proprio gruppo un nome adatto al tema. Fate mescolare i due mazzi e consegnatene una metà per gruppo. Ogni corsista deve avere almeno una carta *negozi/uffici* e una carta *oggetti/servizi*. I due gruppi giocano alternandosi: uno studente di un gruppo gioca una carta *negozi/uffici* mettendola sul tavolo da gioco. Gli studenti dell'altro gruppo controllano le loro carte *oggetti/servizi* e chi è in possesso della carta con l'oggetto o il servizio che si può collegare alla carta giocata ha il diritto di prenderla. In questa maniera la carta può o essere requisita dagli avversari o rimanere nel gruppo dello studente che ha giocato. Al termine vince il gruppo che ha più carte. Assegnate un punto al gruppo vincitore.

Attenzione! A questa attività con le carte ne seguiranno altre due. Spiegate alla classe che userete le carte più volte per cui il punteggio attuale è solo intermedio. Scrivetelo in un angolo della lavagna in alto, sotto il nome dei due gruppi e non cancellatelo perché l'ultima tappa è prevista al termine della lezione. Nelle pause tra un incontro e l'altro segnatevelo da qualche parte in maniera da averlo sempre disponibile al momento giusto.

Osservate e scrivete.
Procedimento: invitate gli studenti ad osservare le immagini e a scrivere le parole negli spazi appositi. Osservate la domanda in fondo alla pagina: *Riconoscete qualcos'altro sulle foto?* Per la prima volta il quesito che accompagna il materiale fotografico della prima pagina è in italiano e a partire da questo momento lo saranno anche tutte le domande di comprensione e discussione che seguono i vari testi input. Invitate dunque gli studenti a dire che cos'altro riconoscono sulle immagini e raccogliete i suggerimenti trascrivendoli alla lavagna.

Soluzione: (da sin. in alto, in senso orario) *edicola, supermercato, ufficio postale, cinema*

A Dove vai così di corsa?

Tema	Andare in luoghi diversi
Lessico	◆ Sostantivi che indicano servizi e negozi
Grammatica	◆ Preposizioni articolate
Materiale necessario	PUNTO 1 (ATTIVITÀ SUPPLEMENTARE): un mazzo di carte ritagliate dalla pag. 68 PUNTO 3 (DADO): alcune fotocopie di un foglio con su scritto *Beatrice va ...* e di uno con su scritto *in + ... c'è un/una ...* PUNTO 3 (ATTIVITÀ SUPPLEMENTARE): dei mazzi di carte ritagliate dalla pag. 68 PUNTO 4 (ATTIVITÀ SUPPLEMENTARE): un mazzo di carte ritagliato dalla colonna *negozi/uffici* della pag. 68

1 Ascoltate. → 37
Procedimento: fate ascoltare il dialogo una prima volta a libro chiuso. Fate ascoltare di nuovo il dialogo, questa volta a libro aperto e con l'obiettivo di individuare quali negozi e uffici vengano menzionati da Beatrice e Franco.

Soluzione: *l'ufficio postale, il fioraio, il centro TIM, la banca*

Attività supplementare: dal mazzo di carte *oggetti/servizi* ritagliato dalla pag. 68 estraete le carte *deodorante, giornale, fiore* e *soldi*, mostratele alla classe e depositatele sulla cattedra. Fate pescare ad ogni studente una o due carte dal mazzo *negozi/ uffici*. Chi è in possesso delle carte che possono essere associate a quelle sulla cattedra (*supermercato, edicola, fioraio, banca*) deve alzarsi e venire a posargliele accanto. Così facendo conquista un ulteriore punto per il suo gruppo, ovvero quello formatosi durante l'attività introduttiva. Annotate il punteggio sotto quello precedente e fate la somma.

2 Rispondete e confrontate.
Procedimento: chiedete agli studenti di rileggere individualmente il dialogo. Lasciate loro due o tre minuti di tempo per decidere se le affermazioni al punto 2 sono vere o false e per controllare il risultato con il vicino. Invitate adesso ogni coppia a formulare qualche affermazione relativa al dialogo, vera o falsa che sia. Raccogliete quindi gli elaborati e trascrivete le affermazioni alla lavagna, naturalmente scartando i doppioni. In plenum gli studenti dicono se le nuove affermazioni sono vere o false.

Soluzione: Beatrice va dalla sorella: *falso*, Franco va al Centro TIM: *vero*, Il cellulare di Franco non funziona bene: *vero*, In Piazza Tasso non ci sono banche: *falso*

3 Completate e osservate.
Procedimento: invitate gli studenti a completare la parte sinistra dello specchietto, ricavando le informazioni dal dialogo appena ascoltato e letto. Chiedete loro un'interpretazione per i simboli della casa e dell'uomo che accompagnano le frasi. Conducete la discussione in modo che il risultato a cui si giunge sia che quando si va in un luogo si usa la preposizione *a*, quando si va da una persona si usa la preposizione *da*. Passate ad osservare la parte destra dello specchietto. Qui troviamo la spiegazione di come si formano le preposizioni articolate: dall'unione delle preposizioni semplici con gli articoli determinativi che accompagnano i sostantivi. Per il momento si prendono in considerazione solo gli articoli al singolare. Dopo aver valutato il funzionamento di *a + articolo determinativo*, lasciate agli studenti il tempo per completare gli spazi vuoti con le preposizioni articolate formate con *da*. Intanto scrivete in alto alla lavagna *devo andare ...* e disegnate le forme di una casetta e di una persona, simili a quelle del libro dello studente. Sotto la casetta scrivete: *il supermercato*. Fatevi suggerire dalla classe la frase per intero, in questo caso *devo andare al supermercato*. Cancellate la parola *supermercato* e scrivete *l'ufficio postale*. Fatevi suggerire di nuovo la frase. Sotto la figura della persona scrivete *il dentista*. Procedete come sopra fino a quando gli studenti avranno chiaro il concetto di *andare a* e *andare da*.

Adesso scrivete grande alla lavagna: *nel quartiere non ci sono banche* e sottolineate la preposizione *nel*. Invitate gli studenti a cercare questa frase nel dialogo A1. Chiedete cosa notano di nuovo. Sotto *nel* scrivete *in + il* e spiegate la composizione delle preposizioni articolate formate da *in + articolo determinativo*. Aggiungete qualche esempio scrivendo per esempio *in + la borsa = nella borsa, in + lo stadio = nello stadio*. Potete aggiungere che si usa a volte la preposizione *a* e a volte *in* sulla base di alcune regole di cui in parte si è già parlato. Chiedete agli studenti se ricordano in quale occasione. Durante la lezione 2, al passo A, abbiamo incontrato *andare a* con i nomi di città e *andare in* con quelli di nazioni. Adesso potete aggiungere che tutti i sostantivi che terminano per *-eria* (libreria, pizzeria) e per *-acia, -icio* (farmacia, ufficio) sono preceduti dalla preposizione semplice *in* per cui si dice *vado in gelateria* e *vado in pizzeria*. Questo naturalmente non basta a spiegare tutti i casi ma per il momento è di aiuto. Se volete esercitare brevemente anche questa preposizione articolata, potete fare la seguente attività: scrivete alla lavagna *nella mia borsa c'è/ci sono..., nel mio borsellino c'è/ci sono...*. Estraete alcuni oggetti che sono nella vostra borsa o nel vostro borsellino e depositateli sulla cattedra pronunciando qualche frase del tipo: *nella mia borsa c'è il telefonino, nel mio borsellino ci sono i soldi* ecc. Fate lavorare gli studenti in piccoli gruppi. All'interno di ognuno i corsisti tirano fuori quello che hanno in borsa o nel borsellino e pronunciano frasi seguendo il vostro modello.

Soluzione: *al* Centro TIM, *all'*ufficio postale, *dal* fioraio; *dal, dallo, dall', dalla*

Dado: l'attività è divisa in due fasi. Con una linea verticale dividete la lavagna in due parti. Fatevi suggerire dagli studenti sostantivi (con i relativi articoli determinativi) riguardanti negozi, uffici, persone che svolgono professioni con cui abbiamo spesso a che fare (*il fioraio, il parrucchiere* ecc.). Raccogliete le parole, circa 10/15, in una metà della lavagna. Sull'altra metà scrivete grande le preposizioni *a, da*. Chiedete agli studenti di lavorare in coppia. Consegnate ad ogni coppia un foglio con su scritto *Beatrice va ....* Al vostro via ed entro un tempo complessivo di due minuti ogni coppia trasforma gli articoli dei sostantivi scritti alla lavagna nella giusta preposizione articolata. Scaduto il tempo le coppie confrontano il loro elaborato con altre e al termine si fa un riscontro in plenum. Passate adesso alla seconda fase dell'attività. Consegnate ad ogni coppia un foglio con su scritto *in + ... c'è un/una ....* Ritornate ai sostantivi scritti alla lavagna, cancellate quelli che indicano persone e fatevene suggerire altri relativi a luoghi. I sostantivi sono tutti preceduti dal loro articolo determinativo. Questa volta gli studenti dovranno scrivere una frase per ogni parola seguendo il modello indicato sul foglio e quindi trasformando *in +* l'articolo determinativo del sostantivo nella relativa preposizione articolata, ad esempio *nel negozio c'è una signora*. Di nuovo si procede ad un controllo, prima tra le coppie e poi in plenum.

Attività supplementare: fotocopiate due volte la pag. 68 e ritagliate le carte in modo da formare per ogni copia un mazzo con le carte *negozi/uffici* e uno con le *preposizioni*. Dividete la classe in due gruppi, possibilmente gli stessi dell'attività introduttiva, e consegnate ad ognuno due mazzi, uno di ogni tipo. Al centro della classe c'è un tavolo da gioco, intorno gli studenti e alla lavagna sono scritte le frasi *dovete andare ...*, *dobbiamo andare ....* Il gruppo che dà il via al gioco pronuncia la frase *dovete andare ...* e gioca una carta del mazzo *negozi/uffici*. L'altro gruppo si consulta per cercare la preposizione giusta e mentre gioca la carta corrispondente forma la preposizione articolata. Ad esempio, se sul tavolo da gioco c'è la carta *ufficio postale* è necessario giocarne una con la preposizione *a* e pronunciare la frase *dobbiamo andare all'ufficio postale*. Se tutto è corretto il gruppo si aggiudica un punto. Se la carta *preposizione* è sbagliata o non si è riusciti a formare in modo corretto la preposizione articolata il punto spetta al gruppo che ha giocato la prima carta. Se invece il gruppo che deve rispondere con la carta *preposizione* non ha quella adatta, lo deve dire e il gruppo che ha giocato la carta *negozi/uffici* può formare il resto della frase e prendere un punto se lo fa correttamente. Si procede così fino ad esaurimento delle carte. Al termine si calcola il punteggio assegnando un punto al vincitore. Ora si può aggiornare la situazione punti dei due gruppi aggiungendo il risultato di quest'attività al punteggio intermedio, sempre scritto in alto alla lavagna, sotto i nomi dei gruppi.

4 Lavorate in coppia.
Procedimento: invitate gli studenti a prendere le loro agende e a dare un'occhiata agli impegni della prossima settimana. Lavorando in coppia i corsisti si raccontano tutto quello che devono fare, servendosi, volendo, anche degli esempi dati.

Attività supplementare: consegnate a ogni studente una carta del mazzo *negozi/uffici* ricavato dalla fotocopia di pag. 68. Il primo corsista guarda la sua carta con scritto, ad esempio, *trattoria* e pronuncia la frase *devo andare/vado in trattoria*. Il secondo studente ripete quanto detto dal corsista prima di lui e aggiunge la sua frase. Un risultato potrebbe essere *Wolfgang deve andare/va in trattoria e io devo andare/vado dal fioraio*. Il terzo studente pronuncerà le due frasi precedenti e aggiungerà la sua. Si continua così fino all'ultima persona che ha il compito ingrato di ripetere tutte le frasi. Fate assumere posizioni diverse agli studenti, ridistribuite le carte e fate un altro giro!

5 Completate.
Procedimento: lasciate agli studenti il tempo per completare le risposte alle domande *C'è una banca qui vicino?* e *Ci sono alberghi in questo quartiere?* Chiedete cosa notano di particolare se traducono le risposte in tedesco e le confrontano con il loro equivalente in italiano. Discutete del fatto che in italiano il soggetto singolare, per esempio *l'Hotel Venezia*, è preceduto da *c'è* con il verbo *essere* al singolare, mentre il soggetto plurale, *banche*, vuole la forma *ci sono*, con il verbo *essere* al plurale.

Soluzione: No, nel quartiere non *ci sono* banche./Sì, *c'è* l'Hotel Venezia.

6 Lavorate in coppia.
Procedimento: invitate gli studenti a lavorare in coppia per ricostruire tutto quello che c'è sulle foto della pagina introduttiva. Però senza tornare indietro a guardare, sennò sarebbe troppo facile!

B Dov'è la fermata dell'autobus?

Tema	Orientarsi in città
Lessico	◆ Negozi, uffici e servizi in città e loro posizione
Grammatica	◆ Avverbi di luogo

Attività introduttiva: depositate alcuni oggetti sulla cattedra, ad esempio il registratore, il gesso, la cassetta, il libro. Disponeteli a rombo e mettetene uno al centro, per esempio la penna. Adesso fate alcune domande del tipo *dov'è la penna?* Per rispondere la classe si porrà la domanda del *come si dice davanti, dietro, a sinistra, a destra* eccetera. Forse qualcuno lo sa già e può suggerirlo agli altri, forse potete arrivarci insieme e segnare le parole alla lavagna.

1 Ascoltate e osservate. → 38
Procedimento: invitate gli studenti ad ascoltare le frasi osservando contemporaneamente le illustrazioni. Se non lo avete fatto nel corso dell'attività introduttiva, riflettete in plenum sul significato degli avverbi di luogo indicati e fate formulare frasi del tipo: *la fermata dell'autobus è di fronte all'Hotel Puccini*.

2 Lavorate in coppia.
Procedimento: formate delle coppie. Un corsista deve inserire quanto contenuto nella casella gialla A negli spazi gialli presenti nell'illustrazione. L'altro studente invece inserisce quanto contenuto nella casella marrone B negli spazi marrone. Facendosi

domande reciproche sul modello dell'esempio in A1, all'interno della coppia ognuno cerca di indovinare dove il proprio partner ha posizionato i vari uffici, negozi o servizi.

3 Fate conversazione.
Procedimento: lavorando in piccoli gruppi gli studenti conversano su tutto ciò che si trova nelle vicinanze del luogo in cui si tiene il corso di italiano, chiedendosi reciprocamente se ci sono negozi e quali, banche, ristoranti, piscine, eccetera. Inoltre ogni studente potrebbe descrivere brevemente agli altri che cosa c'è nel suo quartiere.

C Ma che ore sono?

Tema	L'ora
Lessico	◆ L'ora e gli orari di negozi e uffici
Materiale necessario	PUNTO 1 (ATTIVITÀ SUPPLEMENTARE): se possibile portare un vecchio orologio da parete o un orologio giocattolo piuttosto grande PUNTO 5 (ATTIVITÀ SUPPLEMENTARE): alcuni mazzi di carte ritagliate dalla colonna *negozi/uffici* della pag. 68

1 Guardate e ascoltate. → 39
Procedimento: invitate gli studenti ad ascoltare la registrazione dei diversi orari e ad osservare contemporaneamente le immagini degli orologi. Fate ascoltare almeno un paio di volte. Al termine chiedete che ore sono al momento.

Attività supplementare: tirate fuori dalla vostra borsa magica un vecchio orologio da parete o un orologio giocattolo oppure, se proprio non ne avete, disegnatene uno alla lavagna. Posizionate le lancette a vostra scelta e chiedete ad uno studente *che ore sono* o *che ora è*. Cambiate la posizione delle lancette e rivolgete la domanda ad un altro. Continuate così finché tutti avranno risposto una volta. Chiamate adesso uno studente al centro della classe o vicino alla lavagna. Fategli spostare le lancette sull'orologio «vero» o su quello disegnato. Adesso sta a lui chiedere ad un compagno *che ore sono* o *che ora è* e decidere se la risposta è giusta. Chi ha appena risposto viene al centro e fa lo stesso. Si continua così fino a quando tutti avranno formulato almeno una domanda e una risposta.

2 Ascoltate. → 40
Procedimento: fate ascoltare il dialogo tra le due donne, una volta a libro chiuso e due volte a libro aperto e passate subito all'attività successiva.

3 Completate.
Procedimento: invitate gli studenti a completare individualmente lo specchietto deducendo le soluzioni dal dialogo. Mentre la classe è impegnata a riflettere, riproducete lo specchietto alla lavagna. In plenum discutete le soluzioni che vi suggeriscono gli studenti e inserite quelle giuste negli appositi spazi lasciati in bianco. Possibilmente scrivetele con un gesso colorato.

Soluzione: *apre; alle, alle, dalle, alle*

4 E da voi?
Procedimento: gli studenti lavorano in piccoli gruppi e si chiedono reciprocamente a che ora aprono negozi, uffici, ristoranti ecc. nei loro quartieri.

5 Osservate e discutete.
Procedimento: invitate gli studenti ad osservare gli orari di alcuni negozi e uffici italiani e a discutere sulle differenze con quelli a cui sono abituati.

Attività supplementare: scrivete grande alla lavagna: *Secondo me in Italia la farmacia apre alle .../è aperta dalle ... alle/è chiusa ...* Dividete gli studenti in piccoli gruppi. Consegnate ad ogni gruppo un mazzo di carte ricavate dalla colonna *negozi/uffici* della pag. 68. Il mazzo viene posto al centro con la scritta rivolta verso il basso. Uno studente pesca una carta, la fa vedere agli altri e formula una frase sull'esempio di quelle scritte alla lavagna dicendo a che ora apre il tal negozio o ufficio in Italia secondo la sua opinione. Gli altri studenti dicono se sono d'accordo o meno. Un altro corsista scopre un'altra carta e si procede così fino a che il mazzo è esaurito.

6 Ascoltate. → 41
Procedimento: spiegate agli studenti che ascolteranno sei orari diversi. Invitateli a ricostruire la giusta sequenza degli orologi disegnati inserendo i numeri da uno a sei nelle caselle accanto alle lettere.

Trascrizione dei testi:
1. ● Scusi, che ore sono?
   ○ È mezzogiorno meno cinque.
2. Accidenti, sono già le otto meno un quarto!
3. Pina, vieni, è quasi l'una e mezza, dobbiamo andare.
4. Guarda che sono le tre e un quarto, la farmacia è ancora chiusa.
5. ● Alessia, sai che ora è?
   ○ Sì, sono le undici e venti.
6. Mi dispiace ma sono già le due meno dieci, io devo proprio andare.

Soluzione: *1d, 2e, 3a, 4c, 5f, 6b*

7 **Lavorate in coppia.**
Procedimento: scrivete alla lavagna alcuni verbi o espressioni del tipo *fare la spesa, fare spese/fare shopping, fare colazione, andare al lavoro, ritornare a casa, pranzare, cenare* ... Invitate gli studenti a lavorare in coppia e a raccontarsi reciprocamente a che ora fanno normalmente le cose scritte alla lavagna durante la settimana e/o il fine settimana.

Fare la spesa e *fare spese* in italiano indicano due cose diverse. *Fare la spesa* significa comprare tutto ciò che si consuma ordinariamente in una casa: alimenti, detersivi ecc. *Fare spese* invece significa comprare oggetti di vestiario, arredamento che normalmente non si acquistano tutti i giorni. *Fare shopping*, l'espressione inglese per *fare spese*, fa ormai parte del linguaggio italiano.

Attenzione! Se qualcuno vi chiede come si dice *aufstehen* o *einschlafen*, chiedete agli studenti di evitarne l'uso in questa fase. In italiano *alzarsi* e *addormentarsi* sono riflessivi e verranno trattati in un altro momento.

Lettura

Tema	Le piazze italiane
Lessico	◆ Descrizione di una piazza cittadina
Materiale necessario	PUNTO 4 (ATTIVITÀ SUPPLEMENTARE): fotocopie della lettura di pag. 61 da cui saranno state cancellate alcune parole

1 **Lavorate in gruppi.**
Procedimento: scrivete grande alla lavagna *Piazza di Spagna*. Fatevi suggerire dalla classe i nomi di altre piazze italiane famose e annotateli. Dividete gli studenti in gruppi e assegnate il compito di discutere e segnare tutto ciò che viene loro in mente quando pensano ad una piazza italiana. Discutete in plenum.

2 **Leggete.**
Procedimento: prima di leggere l'articolo su piazza dell'Anfiteatro a Lucca, ricordate agli studenti ciò che è stato detto nel corso della lezione 3 a proposito delle letture autentiche. Ritornate sull'argomento «strategie di comprensione» e analizzate in primo luogo le immagini, il titolo, il sottotitolo e tutti gli elementi che accompagnano il testo vero e proprio. Che cosa ci si aspetta di leggere? Ascoltate le varie opinioni e passate quindi alla lettura individuale dell'articolo. Lasciate abbastanza tempo affinché tutti possano concentrarsi e rileggere il testo un paio di volte. Chiedete di sottolineare tutte le parole di cui non conoscono il significato. Ogni studente ha diritto alla spiegazione di una sola parola, quindi deve scegliere quella che considera più importante e dirla a voce alta. Annotate le parole alla lavagna e spiegatene il significato. Infine invitate a leggere ancora una volta il testo sulla base delle nuove informazioni.

3 **Cercate le parole.**
Procedimento: riproducete alla lavagna le due colonne *edifici/locali* e *feste/manifestazioni*. Invitate gli studenti a raccogliere tutte le parole che si possano collegare a queste categorie e a trascriverle nelle apposite colonne del libro. Fatevi suggerire le parole che sono state raccolte e scrivetele alla lavagna.

4 **Lavorate in coppia.**
Procedimento: chiedete agli studenti di chiudere il libro o almeno di non tornare alla pagina precedente. Lavorando in coppia devono cercare di ricordarsi il maggior numero possibile di informazioni a proposito di piazza dell'Anfiteatro. Al termine possono confrontare i loro risultati con quelli della coppia accanto.

Attività supplementare: coprite con un foglio bianco la parte inferiore della pagina 61, contenente l'attività 3. Fotocopiate la lettura su piazza dell'Anfiteatro e cancellate con il bianchetto le seguenti parole: riga 5: *televisione*, riga 6: *musica*, riga 8: *case*, riga 10: *via*, riga 11: *arco*, riga 12: *auto*, riga 13: *negozi*, riga 14: *ristoranti*, riga 15: *mercato*, riga 18: *fiori*, riga 21: *fiera*, riga 22: *concerti*, riga 24: *bar*, riga 25: *turisti*.

Nella parte sottostante della fotocopia riscrivete alla rinfusa le parole cancellate. Fate alcune fotocopie della pagina e consegnatele agli studenti. Lavorando in coppia, dovranno cercare di rimettere le parole al posto giusto. Al termine potranno confrontare il loro elaborato con l'originale.

D Allora a più tardi!

Tema	Indicare la strada
Lessico	◆ Le direzioni
Grammatica	◆ I verbi *sapere* e *uscire* ◆ Avverbi di luogo
Materiale necessario	PUNTO 5 (ATTIVITÀ SUPPLEMENTARE): fotocopie di un foglio formato A4 con su disegnata la tabella indicata, qualche paio di forbici e alcuni dadi PUNTO 5 (ATTIVITÀ SUPPLEMENTARE): alcune strisce di carta, alcuni fogli formato A4 e un sacchetto di stoffa

Attività introduttiva: fate venire gli studenti al centro della classe e invitateli a disporsi in fila per tre. Supponiamo che nella prima fila abbiate Annette, Petra, Klaus. Petra è al centro, Klaus è a sinistra di Petra e Annette a destra. Chiedete ad Annette: *Klaus è a sinistra o a destra di Petra?*. Aiutatevi mostrando la mano destra e quella sinistra affinché sia chiaro il significato delle due parole. Mandate il terzetto in fondo alla fila e fate altre domande ai tre che si trovano davanti a voi. Continuate così fino a che avrete fatto un po' di domande a tutti. Se i vostri corsisti sono proprio stanchi o tendenzialmente pigri (ma quest'ultima ipotesi è assai improbabile visto che ormai dovrebbero essere abituati a spostarsi e a giocare!) fate lo stesso esercizio disponendo oggetti sulla cattedra in fila per tre e formulando domande del tipo: *il libro è a destra o a sinistra della penna?*, *la borsa è a destra o a sinistra del libro?*

1 Ascoltate. → 42

Procedimento: scrivete grande alla lavagna *punti di riferimento*. Fate ascoltare il dialogo la prima volta a libro chiuso, quindi a libro aperto. Chiedete agli studenti di individuare alcuni dei punti di riferimento suggeriti nel dialogo da Marco all'amica per trovare la trattoria e scriveteli alla lavagna.

Soluzione: *incrocio, libreria, via Doni, semaforo, zona pedonale, piazza S. Fedele, chiesa, edicola*

2 Ascoltate e guardate lo schizzo. → 42

Procedimento: invitate gli studenti ad osservare lo schizzo raffigurato sulla pagina e ad ascoltare le indicazioni date da Marco per arrivare alla trattoria, segnando possibilmente il percorso sulla cartina.

Trascrizione del dialogo:

- ● Allora guarda, esci di qui, giri a sinistra e vai avanti ...
- ○ Mmhm ...
- ● ... poi attraversi l'incrocio e continui dritto fino alla libreria ... bene ... poi giri a destra, in via Doni ...
- ○ Mmhm ...
- ● ... e vai sempre avanti fino al semaforo ... lì giri ancora a destra, dove comincia la zona pedonale ...
- ○ Ah, sì.
- ● ... ecco, dopo 50 metri circa arrivi in piazza San Fedele e vedi subito la chiesa ...
- ○ Ah.
- ● ... e sulla destra, proprio accanto all'edicola, c'è la trattoria *La Tavernaccia*, non puoi sbagliare. È chiaro?
- ○ Sì, sì, con lo schizzo va bene, grazie.

3 Osservate il disegno e completate.

Procedimento: invitate gli studenti ad osservare di nuovo lo schizzo. Sulla base delle indicazioni di Marco ascoltate precedentemente gli studenti possono adesso completare il testo.

Soluzione: *libreria, Via Doni, zona pedonale, San Fedele, edicola*

4 Prendete appunti.

Procedimento: suddividete la lavagna in tre colonne e disegnate una tabella come quella sottostante.

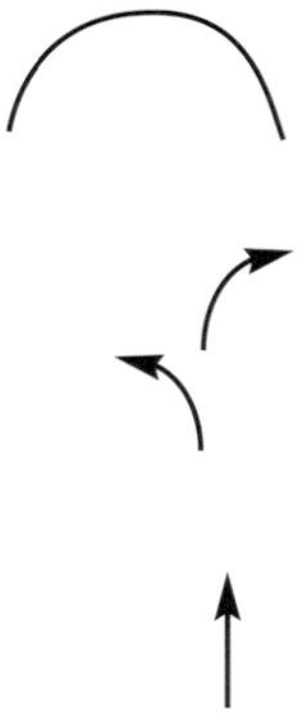

.... *il ponte*
.... *la strada*
.... *la piazza*

.... *a destra*
.... *a sinistra*

.... *fino all'incrocio*
.... *fino al semaforo*

Gli studenti lavorano in coppia e, aiutandosi con la descrizione del punto D3 e con le indicazioni fornite al punto D4, cercano di individuare i verbi da inserire nelle tre colonne. Fatevi suggerire i risultati e scriveteli nelle colonne alla lavagna con gessi colorati. Invitate gli studenti a trascrivere i verbi negli appositi spazi sulla pagina del libro.

Soluzione: *attraversare, girare, andare avanti*

5 Completate.

Procedimento: gli studenti lavorano individualmente e completano lo specchietto con le forme mancanti dei verbi *sapere*, *venire* e *uscire*, deducendole dal dialogo D1. Fate osservare i brevi dialoghi della parte comunicativa a destra nello specchietto.

Soluzione: *so, vieni, esci*

Attività supplementare: disegnate la tabella seguente su un foglio formato A4, fatene delle fotocopie e distribuitele agli studenti.

	sapere	*venire*	*uscire*
io			
tu			
lui, lei, Lei			
noi			
voi			
loro			

Fate lavorare gli studenti a coppie e consegnate ad ognuna un dado. A turno uno studente sceglie l'infinito di uno dei tre verbi e lancia il dado. A questo punto deve coniugare il verbo nella forma corrispondente al numero tirato. Se la forma è già stata coniugata passa il turno. Vince la coppia che completa per prima la tabella.

Attività supplementare: scrivete in alto alla lavagna *Quando esce Petra dal lavoro?* Sotto scrivete in colonna *uscire dal lavoro, uscire per andare al lavoro, uscire con gli amici, uscire per fare la spesa*. Ogni studente riceve quattro striscioline di carta e vi scrive sopra il proprio nome e l'ora in cui fa le attività segnate alla lavagna. Ad esempio: *Esco dal lavoro alle 17,30. Andreas*. Raccogliete tutte le striscioline e mettetele in un sacchetto di stoffa. Ogni studente pesca quattro strisce. Adesso scrivete su ogni foglio formato A4 il nome di uno studente. Distribuite i fogli in maniera che tutti ne abbiano uno con un nome che non sia il proprio. Girando per la classe gli studenti devono rivolgere domande agli altri per scoprire quando la persona indicata sul loro foglio fa le cose scritte alla lavagna. Ad esempio: q*uando esce con gli amici Margot*? Chiaramente è vietato intervistare direttamente l'interessato/a.

6 **Lavorate in coppia.**

Procedimento: gli studenti lavorano in coppia. Uno dice all'altro qual è il suo punto di partenza sulla cartina del libro e descrive il percorso per arrivare a uno dei quattro locali indicati. Il compagno deve indovinare di quale locale si tratta. Adesso è il suo turno. Partendo dal locale dove è arrivato il primo studente, sta a lui descrivere la strada per arrivare ad un altro locale che il partner deve indovinare.

Si dice così.

Obiettivo	Al termine di quest'attività gli studenti avranno uno schema chiaro delle strutture comunicative incontrate durante la settima lezione.
Materiale necessario	Alcuni fogli formato A4 divisi a metà, possibilmente più rigidi del normale

Procedimento: scrivete alla lavagna le seguenti categorie: *Chiedere a una persona dove ha intenzione di andare o cosa ha intenzione di fare, Informarsi su dove si trova qualcosa, Chiedere se c'è qualcosa nelle vicinanze, Informarsi sulla strada o spiegare la strada, Chiedere e dire che ore sono, Chiedere e dare informazioni sugli orari di apertura*. Distribuite agli studenti tante metà dei fogli A4 quante sono le categorie (6), chiedendo di scriverne una su ogni foglio. Lasciate agli studenti cinque minuti per scrivere tutte le frasi che conoscono adatte ad esprimersi nelle situazioni indicate. Passati i cinque minuti i corsisti confrontano i loro foglietti con quelli del vicino ed eventualmente aggiungono ciò di cui non si erano ricordati. Terminata la consultazione si fa un riscontro in plenum durante il quale gli studenti dicono a voce alta ciò che hanno scritto mentre l'insegnante annota le frasi nella categoria corrispondente alla lavagna. Infine si confronta il risultato complessivo con lo schema offerto dal libro.

L'archivio mobile: consigliate agli studenti di inserire i fogli nel loro archivio mobile.

Ricapitoliamo!

Procedimento: scegliete insieme agli studenti una città che tutti conoscono, ad esempio quella in cui si svolge il corso e da cui magari proviene la maggioranza dei corsisti oppure la città grande più vicina. Chiedete agli studenti di lavorare individualmente per un paio di minuti e di scrivere un paio di appunti su una piazza, l'angolo di una strada o altri punti di riferimento che trovano di particolare interesse. Al termine si discute in plenum della città, ognuno riferisce i luoghi che considera più belli o importanti e gli altri esprimono la loro opinione al riguardo.

GIOCO

Materiale necessario	Un bel po' di nastro, spago o filo, un paio di forbici, un po' di nastro adesivo, un sacchetto di stoffa, un foulard o una striscia di stoffa e due mazzi di carte ritagliati dalla colonna *negozi/uffici* della pag. 68

Procedimento: fate alzare gli studenti e chiedete loro di spostare tutti i banchi in maniera da creare più spazio possibile al centro della classe. Consegnate un mazzo con le carte *negozi/uffici*, le forbici, il nastro adesivo e il nastro/spago/filo. Il loro compito è quello di creare sul pavimento una piantina di città servendosi del materiale a disposizione, con diverse strade e incroci che portano ai negozi e agli uffici riportati sulle carte. Il nastro adesivo può essere utile per fissare il filo sul pavimento. Mettete il secondo mazzo di carte *negozi/uffici* in un sacchetto. Segnate alla lavagna il nome dei gruppi e il punteggio intermedio risultante dall'attività introduttiva, dall'attività supplementare A1 e dall'attività del dado A3. Spiegate che si tratta dell'ultima manche. Uno studente si sposta al centro della classe dove è segnato un punto di partenza e viene bendato con un foulard. Fategli pescare un cartellino dal sacchetto e datelo agli altri componenti del suo gruppo. A partire dal vostro *via* verranno date allo studente ben-

dato le indicazioni per raggiungere il luogo indicato sulla carta da lui pescata. Cronometrate il tempo impiegato e annotatelo alla lavagna. Lo studente dell'altro gruppo parte dal punto in cui è arrivato il compagno prima di lui. Lo si benda, gli si fa pescare una carta che si consegna ai suoi compagni e si parte di nuovo. Potete ripetere con altri due studenti per ogni gruppo. Al termine si calcola il tempo complessivo impiegato dai tre corsisti di ogni gruppo. Il gruppo che ha impiegato il minor tempo complessivo si aggiudica un punto. Sommatelo all'intermedio delle attività precedenti e dichiarate la squadra campione della lezione numero 7!

Grammatica

Materiale necessario	Fotocopie della pagina 69

Procedimento: distribuite le fotocopie agli studenti e chiedete loro di completarle con gli elementi grammaticali mancanti. Al termine fate confrontare il risultato con gli schemi forniti dalla grammatica di fine lezione. Invitate gli studenti a leggere individualmente quanto spiegato sulla pagina grammaticale e a porre eventuali domande. Lasciate loro il tempo per concentrarsi su questa lettura in classe.

L'archivio mobile: consigliate agli studenti di inserire la fotocopia nel loro archivio.

negozi / uffici		oggetti / servizi	
il parrucchiere	la libreria	 gli spaghetti alla carbonara	 il fiore
la farmacia	la banca	 i soldi	 le scarpe
il bar	l'edicola	 il libro	 le medicine
il supermercato	l'ufficio postale	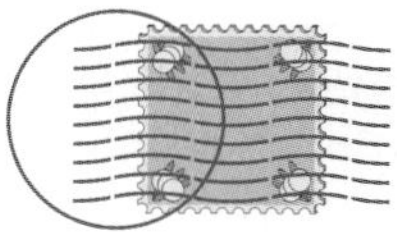 i francobolli	 il deodorante
il fioraio	la trattoria	 il giornale	 il cappuccino
il centro commerciale		 lo shampoo	

preposizioni					
in	da	in	da	a	in
a	in	a	in	a	

	aprire	uscire	sapere
io	apro	esco	....
tu	apri	....	....
lui, lei, Lei	....	....	sa
noi	apriamo	usciamo	sappiamo
voi	aprite	uscite	sapete
loro	....	escono	....

.... un ristorante qui vicino?
In via Larga .... due banche.
La Banca Commerciale .... in piazza Tasso. (ist)
In piazza Tasso .... la Banca Commerciale. (es gibt)

+	il	l'	lo	la	i	gli	le
a	al	....	allo	....	ai	....	....
da	....	....	dallo	....	....	dagli	dalle
in	nel	....	....	....	nei	negli	....

Devo andare .... posta.
Devo passare .... fioraio.
La banca è .... via Larga./............. piazza Tasso.
Qui .... quartiere non ci sono banche.

vicino .... semaforo	davanti .... posta
accanto .... edicola	fino .... incrocio
di fronte .... cinema	.... destra/............. sinistra

LEZIONE 8 Che cosa hai fatto ieri?

Pagina introduttiva

Tema	Gli hobby
Lessico	◆ Sostantivi e verbi relativi ad attività ricreative
Materiale necessario	Una borsa contenente: una pagina di giornale con programmi televisivi, una foto, un vecchio biglietto del cinema, una stampa di una pagina Internet

Attività introduttiva: tirate fuori dalla borsa una pagina di giornale con programmi televisivi, una foto, un vecchio biglietto del cinema e una stampa di una pagina Internet e disponeteli sulla cattedra. Chiedete agli studenti quali attività associno agli oggetti mostrati e raccogliete i suggerimenti su una metà della lavagna.

Sull'altra metà disegnate una tabella con quattro colonne: *Guardare la TV, Fare foto, Andare al cinema, Navigare in Internet.* Ogni colonna ha quattro righe numerate progressivamente con gli ordinali: *1°, 2°, 3°, 4°.* Chiamate gli studenti a fare una crocetta sulle caselle della tabella in modo da stilare una classifica tra queste quattro attività. Cosa preferiscono fare nel loro tempo libero? Guardano soprattutto la TV? Allora la prima crocetta sarà nella casella corrispondente a *guardare la TV-1°.* Poi procederanno a mettere in ordine gli altri hobby. Al termine potete fare una statistica di classe su quante persone amino fare foto quando hanno un po' di tempo a disposizione e quante invece siedano davanti allo schermo del computer alla ricerca di nuovi siti web. Intervistate coloro che hanno messo *andare al cinema* al primo posto. Quali sono i film preferiti? E chi guarda molto la TV: quali programmi predilige? Quelli che non navigano mai è perché odiano la tecnologia o lo considerano noioso? Discutete in plenum delle attività contenute nella tabella.

Attenzione! Nel linguaggio corrente si può dire sia *navigare in Internet* che *navigare su Internet.*

Guardate le foto e abbinate.

Procedimento: invitate gli studenti ad osservare le foto. Quali immagini corrispondono alle attività contenute nella lista? Chiedete agli studenti di inserire i numeri degli hobby elencati nelle caselle delle immagini. Lasciate ai corsisti il tempo per lavorare in coppia e raccontarsi reciprocamente che cosa fanno nel tempo libero.

Soluzione: (da sin. in alto, in senso orario) *fare foto, andare ai concerti, leggere, navigare in Internet, andare a vedere una mostra, fare sport, invitare amici a casa*

A Ti piace la musica italiana?

Tema	La musica italiana
Lessico	◆ Espressioni per descrivere i propri gusti musicali
Grammatica	◆ Il verbo *piacere*
Materiale necessario	ATTIVITÀ INTRODUTTIVA: qualche CD di musica italiana di generi diversi e fotocopie di un foglio A4 preparato secondo le indicazioni

Attività introduttiva: tirate fuori qualche CD di musica italiana. Qualcuno degli studenti conosce canzoni o cantanti dei vostri CD? Quanti studenti hanno a casa almeno un CD di musica italiana? Quanti ne hanno almeno cinque? Quali sono i nomi e i generi più conosciuti? Raccogliete i suggerimenti alla lavagna. Distribuite adesso le fotocopie di un foglio A4 su cui avrete disegnato una tabella con quattro colonne: *senza tempo, anni '60/'70, anni '80/'90* e *oggi.* A sinistra della prima colonna, uno sotto l'altro, i tipi di musica: *musica classica, musica lirica, musica leggera* e *cantautori.*

Invitate gli studenti a lavorare in piccoli gruppi. Quali nomi di musicisti e cantanti italiani possono inserire nelle diverse caselle? Lasciate un po' di tempo e poi date il via ad una breve discussione in plenum.

1 Ascoltate. → 43

Procedimento: osservate la foto: dove si trovano le due ragazze? Di cosa parlano? Fate ascoltare il dialogo una prima volta a libro chiuso, quindi fatelo ascoltare altre due volte a libro aperto con l'obiettivo di individuare i nomi dei cantanti italiani citati nel dialogo tra Bettina e la sua amica italiana.

Soluzione: *Lucio Dalla, Paolo Conte, Eros Ramazzotti, Nek, Jovanotti*

Attività supplementare: in questo punto compare il mouse. Ricordate agli studenti di dare un'occhiata al sito della casa editrice Klett quando torneranno a casa. Di link in link sicuramente troveranno il modo per tirare fuori alcuni testi di canzoni. Ne possono stampare qualcuno relativo a brani di cui posseggono il CD e portare il tutto in classe, così durante il prossimo incontro si potrebbe iniziare la lezione scegliendo in modo democratico i pezzi migliori, fotocopiarne i testi e ascoltare le canzoni.

2 Completate.

Procedimento: chiedete agli studenti di completare lo specchietto con le forme di *piacere* deducendole dal dialogo appena ascoltato. Scrivete grande alla lavagna: *ti piace la musica italiana? / Ti piacciono i cantautori?* Per quale motivo il verbo è una volta al singolare e una volta al plurale? Fatevi suggerire delle ipotesi e spiegate il perché sottolineando il singolare di *la musica italiana* e il plurale di *i cantautori* nelle domande con il verbo *piacere*. Formulate alcune domande usando il *tu* e il *Lei*. Ad esempio: *Andreas, ti piace Lucio Dalla? Signor Weller, Le piace la musica lirica?* Fate notare che il pronome *ti* si usa con il tu e *Le* con la forma di cortesia. Chiedete di formulare quesiti a catena usando alternativamente le due forme: uno studente fa una domanda a un compagno, questi risponde e a sua volta fa una domanda a un altro studente.

Soluzione: Ti / Le *piace* ascoltare la musica / la musica italiana?, Ti / Le *piacciono* i cantautori?

Attenzione! Introducete i quesiti *ti piace / Le piace* e *ti piacciono / Le piacciono* senza trattare i pronomi indiretti e rimandate le risposte ad eventuali domande ad un momento successivo.

3 Lavorate in coppia.

Procedimento: fate lavorare gli studenti in coppia. Sulla base dei suggerimenti presenti nel testo i corsisti conversano dei propri interessi e delle proprie preferenze.

Attività supplementare: fate ricopiare su un foglio la lista del punto A3 a pag. 67: cinema francese, film d'azione ecc. Chiedete agli studenti di venire al centro della classe e di intervistarsi reciprocamente al fine di trovare la persona con cui si hanno maggiori affinità rispettivamente agli interessi elencati. L'attività è a tempo. Trascorsi sei o sette minuti eleggete la «coppia modello», ovvero quella dei due studenti con le preferenze più simili. Per tutta la lezione potranno sedere vicini!

B Cosa hai fatto di bello?

Tema	Raccontare attività al passato
Lessico	◆ Attività varie
Grammatica	◆ Il passato prossimo dei verbi coniugati con l'ausiliare *avere*
Materiale necessario	ATTIVITÀ INTRODUTTIVA: fotocopie di un foglio con la tabella indicata PUNTO 3 (DADO): fotocopie della pag. 78, qualche dado e del nastro adesivo

Attività introduttiva: fotocopiate un foglio su cui avrete disegnato una tabella con due colonne: *sabato* e *domenica*, e a sinistra, una sotto l'altra, le parti di una giornata *mattina*, *pomeriggio* e *sera*.

Consegnate una fotocopia ad ogni studente. Sulla base di quanto discusso a proposito di hobby e abitudini nel passo A, chiedete agli studenti di inserire nella tabella le attività che svolgono più o meno regolarmente il fine settimana, ad esempio: *dormire fino a tardi, ascoltare musica, andare al cinema, cucinare, fare una passeggiata, andare a una mostra, fare un giro in bicicletta, fare sport, leggere un libro, fare shopping, pulire la casa, lavare la macchina,* ecc. Dopo che gli studenti avranno terminato di compilare la tabella chiedete di conservare il foglio perché servirà durante le attività successive.

1 Ascoltate. →44

Procedimento: invitate gli studenti ad osservare l'illustrazione. Formulate qualche domanda al fine di descrivere la situazione rappresentata. Fate ascoltare il dialogo un paio di volte. Tornate a discutere della situazione illustrata nella foto: c'è qualcosa da aggiungere? Ripetete l'ascolto chiedendo agli studenti di seguire parallelamente il testo.

2 Sottolineate.

Procedimento: lasciate agli studenti il tempo per concentrarsi individualmente sul testo del dialogo appena ascoltato allo scopo di sottolineare le espressioni che si riferiscono al passato. Trascorsi un paio di minuti chiedete di controllare il risultato con il proprio vicino. Nel frattempo fate una tabella alla lavagna e scrivete in ognuna delle quattro colonne i nomi dei personaggi del dialogo: *Claudio, Claudio e Giulia, Giulia, Raffaele*. Fatevi suggerire dalla classe le frasi riguardanti ciò che i personaggi hanno fatto la domenica e inseritele nella tabella.

Soluzione: *ho dormito fino a tardi, ho incontrato Giulia, abbiamo pranzato insieme, come avete mangiato?, abbiamo avuto l'idea, ha anche comprato un vaso, ho passato il fine settimana*

3 Completate.

Procedimento: invitate gli studenti ad immaginarsi di essere Claudio e di rispondere alla domanda *Che cosa hai fatto ieri?* riportata nello specchietto. Mentre gli studenti completano le frasi indicate, deducendone la soluzione dal dialogo, scrivete grande alla lavagna:

pranzare	*avere*	*dormire*	*fare*
ho pranz...	*ho av...*	*ho dorm...*	*ho fatto*

Procedete al riscontro in plenum delle frasi relative alla parte sinistra dello specchietto e poi fatevi suggerire le desinenze dei participi passati per i verbi scritti alla lavagna. Possibilmente scrivete le desinenze che vi vengono dette in un colore diverso dalla radice e con lo stesso colore sottolineate anche le desinenze degli infiniti (*-are, -ere, -ire*). Spiegate agli studenti che tutti i verbi regolari con infinito in *-are* formano il participio passato aggiungendo la desinenza *-ato* alla radice, quelli in *-ere* aggiungono *-uto* e quelli in *-ire*, *-ito*. Sostituite i verbi della tabella con altri verbi regolari già noti alla classe, ad esempio *comprare* al posto di *pranzare*, *ripetere* per *avere* e *pulire* per *dormire*. Lasciate che gli studenti formino il participio passato affinché il funzionamento delle desinenze diventi una piacevole sicurezza. Prendete adesso in considerazione *fatto*. Rammaricatevi pure insieme agli studenti dell'esistenza di verbi irregolari per i quali il participio passato deve essere semplicemente imparato e non formato seguendo la regola appena appresa!

Illustrate la struttura di una frase al passato prossimo spiegando che è formata da un soggetto, dal verbo ausiliare *avere* coniugato e dal participio passato. Rimandate al passo C successivo le eventuali domande relative ai verbi che richiedono il verbo ausiliare *essere*.

Soluzione: *Ho dormito* fino a tardi, poi *ho incontrato* Giulia e *abbiamo avuto* l'idea di andare alla Mostra. *ho pranzato, ho avuto, ho dormito*

Dado: fotocopiate, ingrandendola, la tabella a pagina 78 e ritagliate l'ultima colonna, quella dell'estrema destra, a striscioline. Formate delle coppie e consegnate ad ogni studente la fotocopia della tabella senza l'ultima colonna, sette striscioline, un dado e del nastro adesivo. Il primo studente lancia il dado, coniuga un verbo a scelta al passato prossimo, a seconda del numero del dado, e lo scrive nella colonna corrispondente. Poi controlla se ha la strisciolina giusta per poter completare la frase. In caso contrario il compagno lancia a sua volta il dado, coniuga il verbo a seconda del numero e completa lui la frase attaccando la strisciolina alla tabella. Lo scopo è quello di ricostruire la tabella unendo più striscioline possibili.

4 Completate.

Procedimento: invitate gli studenti a completare il breve testo con le informazioni date dal dialogo del punto B1. Fate controllare il risultato prima in coppia e poi procedete al riscontro in plenum.

Soluzione: *ha dormito, ha incontrato, Hanno pranzato, hanno avuto, ha comprato*

5 Lavorate in coppia.

Procedimento: gli studenti lavorano in coppia e questa volta, sulla base delle espressioni indicate nel testo, si raccontano reciprocamente cosa hanno fatto durante il fine settimana.

Attività supplementare: mentre gli studenti si raccontano reciprocamente cosa hanno fatto durante l'ultimo fine settimana possono tornare ad osservare il foglio che avevano scritto durante l'attività introduttiva del passo B. Chiaramente però dovete pregarli di raccontare evitando le espressioni del tipo *andare al cinema*, dato che il passato prossimo con l'ausiliare *essere* viene introdotto solo al passo C. In questa maniera solleverete curiosità a proposito di quello che non si può ancora dire e farete aumentare la motivazione ad apprendere ciò che serve per raccontare veramente tutto! Fate conservare il foglio.

C È stata proprio una bella giornata.

Tema	Raccontare attività al passato
Lessico	◆ Attività varie
Grammatica	◆ Il passato prossimo dei verbi coniugati con l'ausiliare *essere*
Materiale necessario	PUNTO 3 (DADO): alcuni fogli A4 PUNTO 5 (ATTIVITÀ SUPPLEMENTARE): qualche vecchio scontrino o biglietto di ingresso

Attività introduttiva: discutete insieme agli studenti sull'uso che fanno di Internet. Cercano soprattutto informazioni? Lo usano per le operazioni bancarie? Scrivono e-mail? A chi? Per lavoro o private? Quando hanno scritto l'ultima e-mail? Qual era l'argomento principale?

1 Leggete.

Procedimento: lasciate agli studenti il tempo per leggere individualmente il testo delle due e-mail almeno un paio di volte. Richiamate l'attenzione sulla domanda *Perché Arianna non ha letto il giallo di Camilleri?*. Qual è la risposta?

Soluzione: *Perché è andata con Luciana a mangiare una pizza e è tornata a casa alle due.*

2 Scrivete.

Procedimento: gli studenti leggono nuovamente le due e-mail ma con uno scopo diverso. Questa volta si tratta di capire chi ha fatto cosa e di trascrivere i nomi negli appositi spazi. Dopo un controllo in coppia procedete al riscontro in plenum.

Soluzione: *Luciana* è andata da Arianna. *Arianna* è tornata a casa alle due. *Stefano* è andato subito a letto. *Arianna* è andata in pizzeria con Luciana.

3 Osservate.

Procedimento: invitate gli studenti ad osservare le desinenze dei participi passati riportati nelle quattro frasi. Che cosa notano? Quali sono le differenze rispetto al testo di pagina 68? Scrivete alla lavagna:

soggetto	*verbo essere*	*part. pas.*
Stefano (arrivare a casa tardi)		
Stefano e Arianna (andare a sciare)		
Arianna (tornare a casa alle due)		
Arianna e Luciana (andare in pizzeria)		

Fate completare la tabella coniugando al passato prossimo i verbi tra parentesi (Stefano *è arrivato* a casa tardi, Stefano e Arianna *sono andati* a sciare, Arianna *è tornata* a casa alle due, Arianna e Luciana *sono andate* in pizzeria). Tornate a considerare la struttura di una frase al passato prossimo sempre formata da un soggetto, dal verbo ausiliare e dal participio passato. Questa volta però il verbo ausiliare è *essere* e i participi passati vanno accordati per genere e numero con il soggetto. Sottolineate le vocali finali dei participi passati scritti nella tabella (arrivat*o*, andat*i*, tornat*a*, andat*e*) possibilmente con colori diversi.

Dado: raccogliete alla lavagna suggerimenti sui luoghi possibili in cui si va abitualmente, ad esempio *andare al cinema, a teatro, in discoteca, al ristorante, in pizzeria, in piscina, al mare, in montagna, a sciare, in banca, in chiesa, a trovare qualcuno, al lavoro, alla posta, alla stazione, a una mostra, in un museo, al mercato* ecc. Consegnate ad ogni studente un foglio formato A4 e chiedete di ripartirlo in due colonne: *Nomi* e *Attività*. Ci saranno tante righe quanti sono gli studenti presenti e i nomi verranno inseriti nella colonna di sinistra. Ogni studente scrive sulla prima riga il proprio nome e un luogo dove è andato nel corso dell'ultima settimana, poi lo passa al vicino di destra. Sulla seconda riga del foglio che riceve da sinistra il corsista riscrive di nuovo il proprio nome e un altro luogo in cui è andato durante la settimana. Inoltre legge quanto scritto dal proprio compagno. Passa il foglio e ne riceve da sinistra uno nuovo in cui, adesso sulla terza riga, inserisce il nome e un'altra informazione, leggendo quello che hanno scritto i due studenti precedenti. Si continua così fino a che tutte le righe sono complete di un nome e di un luogo in cui la persona si è recata. Raccogliete tutti i fogli. Adesso ogni studente deve ricordare quello che ha letto nel corso dell'attività riguardo ai propri compagni. Fate venire gli studenti al centro della classe e disponeteli in semicerchio. Partite dal primo alla vostra destra e chiedete di formulare una frase sulla base di quello che ricordano, ad esempio *Doris è andata al cinema*. Se Doris è veramente andata al cinema si rimane in gioco, altrimenti si viene squalificati. Si continua con lo studente accanto al primo che pronuncia un'altra frase e via di seguito fino a che ci saranno abbastanza informazioni e studenti in gara.

4 Completate.

Procedimento: gli studenti lavorano individualmente e completano i messaggi della famiglia Piccolo inserendo le forme indicate nel testo.

Soluzione: (da sin. in alto, in senso orario) *andata, arrivate, andati, telefonato, arrivato*

5 Lavorate in gruppi e riferite.

Procedimento: invitate gli studenti a lavorare in piccoli gruppi e chiedete di osservare le immagini. Ieri Luca è andato a Venezia: che cosa ha fatto? Dove è andato? Gli studenti ricostruiscono la giornata di Luca sulla base delle informazioni deducibili dagli scontrini e dai biglietti che ha conservato nel portafoglio.

Attività supplementare: gli studenti sono sempre curiosi di sapere cosa fa l'insegnante fuori dalla classe. Tirate fuori anche voi un po' di biglietti e scontrini e distribuiteli. Finalmente, dopo che si è raccontato tanto di se stessi, si può curiosare su quello che ha fatto l'insegnante e riferirlo agli altri.

6 Scrivete e indovinate.

Procedimento: gli studenti scrivono su un foglio quello che hanno fatto durante lo scorso fine settimana. A questo punto si possono riprendere i fogli che si erano compilati durante l'attività introduttiva del passo B. Ricordate agli studenti quello che non avevano potuto raccontare durante l'attività supplementare di B3, quando ancora non si sapevano usare i verbi con l'ausiliare *essere* al passato prossimo. Il problema è superato, adesso si può raccontare «quasi» tutto. Durante le attività precedenti si è appreso tantissimo su quello che fanno i diversi compagni il fine settimana: raccogliete i fogli e leggetene alcuni alla classe. Lasciate indovinare il nome dei diversi autori.

Lettura

Tema	Una biografia
Lessico	◆ Avvenimenti biografici
Materiale necessario	PUNTO 1 (ATTIVITÀ ALTERNATIVA): fogli formato A4 possibilmente un po' più rigidi del normale

1 Lavorate in gruppi.
Procedimento: scrivete tre domande alla lavagna: *che cos'è una biografia? Quali informazioni contiene generalmente? Quali biografie famose avete letto?* Invitate gli studenti a lavorare in gruppo ed annotate i loro suggerimenti alla lavagna. Al termine discutete in plenum.

Attività alternativa: dividete gli studenti in piccoli gruppi e consegnate ad ognuno un foglio formato A4. Invitateli a riflettere sulle informazioni che, secondo loro, sono contenute in genere in una biografia. Dopo la discussione ogni gruppo disegna sul foglio una possibile scheda biografica. Discutete i risultati in plenum e disegnate alla lavagna la scheda biografica ideale sulla base delle informazioni suggerite dalla classe, con i dati in essa richiesti, ad esempio *nome, cognome, luogo di nascita, data di nascita, professione,* ecc, scritti in colonna.

2 Leggete.
Procedimento: prima di leggere prendete in considerazioni le immagini. Che cosa ci si aspetta di leggere? Quale può essere la professione dell'uomo protagonista della biografia? Ascoltate le varie opinioni e passate alla lettura individuale del testo. Lasciate abbastanza tempo affinché tutti possano concentrarsi e rileggere un paio di volte. Chiedete di evidenziare le parole di cui non si conosce il significato e discutetele in plenum cercando di capire insieme che cosa vogliono dire. Invitate a leggere ancora una volta il testo sulla base delle nuove informazioni. Ritornate a discutere le aspettative espresse nel corso dell'attività precedente: le informazioni corrispondono a quanto è solitamente scritto in una biografia? Se avete svolto l'attività alternativa del punto 1 fate riempire la scheda biografica con le informazioni contenute nel testo. Cosa sappiamo di Andrea Camilleri? Quali caselle della scheda rimangono vuote? Potete consigliare agli studenti di ricercare, magari in Internet, altre informazioni su Camilleri e discuterne durante l'incontro successivo.

3 Lavorate in gruppi.
Procedimento: formate dei piccoli gruppi e affidate agli studenti il compito di evidenziare nel testo appena letto i punti in cui sono indicati: il luogo di nascita di Camilleri, le professioni da lui svolte, cosa ha scritto, quale personaggio dei suoi romanzi lo ha reso famoso.

Soluzione: *è nato a Porto Empedocle; è stato regista teatrale, autore, sceneggiatore, regista di programmi culturali, insegnante, scrittore; ha scritto poesie, racconti, romanzi storici e gialli; è diventato famoso grazie al personaggio del commissario Montalbano*

4 Cercate le parole.
Procedimento: chiedete agli studenti di indicare le parole simili al tedesco o ad altre lingue straniere conosciute contenute nel testo (ad esempio *autore, radio, film* ecc.). Raccoglietele alla lavagna e discutete in plenum.

D Sono nato nel 1935.

Tema	Raccontare la propria vita
Lessico	◆ I fatti della vita
Materiale necessario	ATTIVITÀ INTRODUTTIVA E PUNTO 2 (ATTIVITÀ ALTERNATIVA): alcuni fogli formato A4 possibilmente un po' rigidi

Attività introduttiva: se nel passo precedente avete svolto l'attività alternativa riproponete l'uso delle schede biografiche create, altrimenti fatele adesso.

1 Ascoltate. → 45
Procedimento: disegnate alla lavagna una scheda biografica così come è stata elaborata nell'attività introduttiva di questo passo o durante l'attività alternativa della lettura. Richiamate l'attenzione sulla fotografia dell'uomo. Che tipo è? Quanti anni può avere? Chiedete agli studenti di leggere le frasi relative alla vita dell'uomo, che non sono in ordine cronologico. Fate ascoltare due o tre volte il testo chiedendo di rimettere in ordine gli avvenimenti. Invitate gli studenti a confrontare i risultati in coppia e procedete al riscontro in plenum. Adesso potete completare la scheda biografica che avevate disegnato alla lavagna con i dati del signor Magrelli.

Trascrizione del testo: Sono nato a Napoli nel 1935 e ho vissuto sempre qui. Ho finito le scuole nel 1955 e con il diploma di ragioniere ho subito trovato lavoro, alle Ferrovie dello Stato. Due anni dopo ho lasciato il posto alle Ferrovie e ho aperto una piccola ditta di acque minerali, insieme a mio fratello. I primi anni sono stati difficili, ma poi gli affari sono andati meglio. Negli anni ottanta abbiamo guadagnato veramente bene! Ma ho lavorato tantissimo – solo dieci giorni di vacanza all'anno! – e non ho avuto il tempo di farmi una famiglia. Insomma, sono single, come si dice adesso, ma vivo con mia sorella e ho molti nipoti che mi vogliono bene. Due anni fa ho chiuso la mia attività e sono andato in pensione. Ma a casa non so cosa fare e così lavoro in giardino o vado al negozio di mio nipote e aiuto un po'.

Soluzione: *sono nato a Napoli, ho vissuto sempre qui, ho finito le scuole, ho subito trovato lavoro, ho lasciato il posto alle Ferrovie, ho aperto una piccola ditta, ho lavorato tantissimo, non ho avuto il tempo di farmi una famiglia, ho chiuso la mia attività, sono andato in pensione*

2 Raccontate.
Procedimento: invitate gli studenti ad osservare le espressioni date. Sicuramente gli sono di aiuto nel raccontare la propria biografia. Lavorando in coppia i corsisti si raccontano i fatti salienti della loro esistenza.

Attività alternativa: prendete di nuovo le schede biografiche. Discutete la possibilità di cambiarne o meno la struttura. Distribuite ancora fogli formato A4 allo scopo di disegnarvi sopra di nuovo delle schede, più o meno simili alle precedenti. Questa volta gli studenti inseriscono i fatti più importanti della loro vita, ma senza il nome. Al termine, con il sostegno della scheda e sulla base delle espressioni indicate nel libro possono raccontare la loro biografia al compagno di banco. Ritirate tutti gli elaborati, mescolate i fogli e ridistribuiteli. Gli studenti lavorano in coppia e raccontano al proprio compagno la vita della persona descritta nella scheda. Questi deve cercare di indovinare di chi si tratta.

Attenzione! Per il passo E, riguardante la famiglia, invitate gli studenti durante l'incontro precedente a portare la volta successiva qualche foto dei propri familiari.

E Una festa in famiglia

Tema	La famiglia
Lessico	◆ Relazioni di parentela e avvenimenti della vita familiare
Grammatica	◆ Aggettivi possessivi singolari e plurali
Materiale necessario	PUNTO 1 (ATTIVITÀ SUPPLEMENTARE): alcuni fogli formato A3 e le foto dei propri familiari che avevate chiesto di portare durante l'incontro precedente PUNTO 6: alcuni fogli formato A4

1 Guardate e completate le frasi.
Procedimento: chiedete agli studenti di lavorare in coppia e di osservare l'albero genealogico allo scopo di completare le frasi sottostanti indicando le relazioni di parentela tra i membri della famiglia.

Soluzione: *marito, sorella, moglie; cognata, fratello, nipoti.*

Attività supplementare: consegnate agli studenti i fogli formato A3 e chiedete di disegnarvi il loro albero genealogico. Coloro che hanno le foto possono inserirvele, altrimenti dovranno limitarsi a scrivere i nomi. Voi intanto disegnate il vostro albero genealogico alla lavagna. Considerate i termini che indicano la parentela nel testo e invitate gli studenti a scrivere qualche frase simile a quelle del punto E1 relativamente alla propria famiglia. Voi fate altrettanto alla lavagna con il vostro albero genealogico. Non chiedete ancora di descrivere le famiglie perché lo si farà al punto E4.

2 Leggete.
Procedimento: leggete i quattro termini corrispondenti ad altrettante feste famigliari diverse. Discutetene il significato. Procedete con la lettura individuale del testo ripetuta almeno un paio di volte. Al termine fatevi suggerire dagli studenti a quale festa si riferisce Amelia nella sua lettera.

Soluzione: *nozze d'oro*

3 Osservate.
Procedimento: chiedete agli studenti di soffermarsi ancora sul brano appena letto e di sottolineare tutti i termini che indicano la parentela. Che cosa notano? Fate osservare la lista del punto E3: quali aggettivi possessivi sono preceduti da un articolo? In quali manca? Discutete insieme. Gli aggettivi possessivi in italiano sono generalmente preceduti da un articolo sia al plurale che al singolare. I termini al singolare che indicano relazioni di parentela rappresentano

un'eccezione e non vogliono nessun articolo: *mia sorella*. Al plurale invece si torna alla normalità con il possessivo preceduto dall'articolo *le mie figlie*.

4 Lavorate in coppia.

Procedimento: chiedete agli studenti di lavorare in coppia. Se non avete fatto l'attività supplementare del punto E1 fate disegnare adesso ad ognuno il proprio albero genealogico. Altrimenti invitate gli studenti a prendere i fogli formato A3 su cui avevano disegnato il loro albero genealogico. Questa volta si tratta di raccontare al proprio compagno qualcosa sui propri parenti e le relazioni che li legano. Magari potreste cominciare proprio voi, raccontando della vostra famiglia. Il foglio con l'albero genealogico potrebbe essere inserito nell'archivio mobile che gli studenti stanno compilando.

5 Osservate la lettera.

Procedimento: chiedete agli studenti di sottolineare nel testo della lettera e delle due e-mail a pag. 69 le espressioni usate per iniziare e concludere una lettera scritta ad una persona amica e di annotarle su un foglio.

Soluzione: *Cara Teresa, Un abbraccio Amelia, Saluti anche da Giuseppe, Ciao, Arianna!, Ciao e buona settimana!, Alla prossima, ciao*

6 Scrivete.

Procedimento: leggete di nuovo i termini indicanti le feste famigliari al punto E2 e le festività annuali al punto E6 e discutete in plenum: quali sono le feste più importanti che si celebrano in famiglia? Quali tradizioni le caratterizzano? Consegnate agli studenti i fogli formato A4 e chiedete di scrivere una lettera in cui raccontano una festa importante celebrata in famiglia. Al termine raccogliete i fogli, correggeteli e riconsegnateli, magari durante l'incontro successivo.

Ascolto

1 Ascoltate. → 46

Procedimento: informate gli studenti che ascolteranno un dialogo tra Laura e Anna ed invitateli ad osservare la foto: di cosa si tratta? Dove siamo? Di che cosa potrebbero parlare le due donne? Quali festività potrebbero citare? Raccogliete le ipotesi e fate ascoltare il dialogo una prima volta.

> Gli affreschi della Cappella degli Scrovegni, a Padova, sono considerati il ciclo più completo realizzato da Giotto nella sua maturità. Sono stati completati nei primi mesi del 1306 e narrano, in un modo unico e irripetibile, le storie della → Madonna e di Cristo. Per visitare la cappella, aperta dalle 9.00 alle 19.00, è necessario prenotarsi in anticipo.

Trascrizione del dialogo:

- ● Tu sei andata via per Pasqua?
- ○ Sì, sono andata a Padova, a vedere la Cappella degli Scrovegni, quella dipinta da Giotto che hanno restaurato da poco ...
- ● È bella, eh?
- ○ È magnifica, magnifica, veramente! Vale la pena d'andarci, bisogna prenotare parecchio tempo prima, però è stata, hm, veramente una cosa molto bella.
- ● E c'era parecchia ... parecchie persone?
- ○ C'erano ventimila persone prenotate ...
- ● Ahh, però!
- ○ ... e diecimila posti, per poter entrare. Quindi, noi la mattina di Pasqua ci siamo alzati presto, abbiamo camminato a piedi per mezz'ora e poi siamo arrivati là e non eravamo nemmeno sicuri di poter entrare. Poi ce l'abbiamo fatta, è stato bello ... Però solo dieci minuti si può restare dentro questa cappella.
- ● Perché solo dieci minuti?
- ○ Perché hanno paura dell'inquinamento ...
- ● Hm!
- ○ ... per cui ti fanno rimanere un quarto d'ora prima d'entrare in una stanza perché tu ti ripulisca dall'inquinamento e poi solo dieci minuti per poter vedere la cappella. E poi siamo stati a Venezia, abbiamo visitato Padova che è molto bella e poi siamo tornati, comunque ci siamo divertiti. Te, cosa hai fatto?
- ● Eh, io non sono uscita per Pasqua, ho passato una Pasqua in famiglia e ho colto l'occasione per passare una giornata con parenti che normalmente, ehh, non vedo, insomma ... o perlomeno non frequento.
- ○ Chi erano? Scusami, sono curiosa!
- ● Erano mia cognata, mio cognato e i miei nipoti!
- ○ Ahhh, i tuoi nipoti, Enrico e la Maria?
- ● Certo.
- ○ E cosa hai fatto di bello? Cosa hai cucinato, te che sei bravissima a cucinare?
- ● Ho cucinato un pranzo, il pranzo classico della Pasqua. Quindi il classico agnello, poi primo, antipasto e vari dolci ... Abbiamo mangiato, abbiamo brindato, e poi siamo stati insieme e ci siamo raccontati tutte le nostre cose, perché normalmente, insomma, non abbiamo purtroppo modo di stare insieme e parlare.

Soluzione: *parlano della Pasqua*

2 Ascoltate e sottolineate. → 46

Procedimento: fate ascoltare il dialogo una seconda volta allo scopo di sottolineare le parole che gli studenti riconoscono tra quelle indicate nella lista.

Soluzione: *Laura – Giotto, parecchie persone, mattina, dieci, minuti, inquinamento, Padova; Anna: famiglia, parenti, cucinare, pranzo, agnello, parlare, dolci, insieme, nipoti*

3 Ascoltate e mettete una crocetta. → 46

Procedimento: procedete ad un nuovo ascolto chiedendo agli studenti di mettere una crocetta sulle informazioni corrispondenti a quanto raccontano Laura ed Anna. Eventualmente potete fare un confronto tra le ipotesi iniziali espresse nel punto 1 e quello che si è ascoltato.

Soluzione: *Laura ha visto la Cappella degli Scrovegni. Anna ha passato la Pasqua in famiglia.*

Si dice così.

Obiettivo	Al termine di quest'attività gli studenti avranno uno schema chiaro delle strutture comunicative incontrate durante l'ottava lezione.
Materiale necessario	Alcuni fogli formato A4 divisi a metà, possibilmente più rigidi del normale

Procedimento: scrivete alla lavagna le seguenti categorie: *Chiedere a una persona cosa le piace, Esprimere le proprie preferenze, Raccontare avvenimenti, Informarsi su ciò che hanno fatto altri, Come si può concludere una lettera / una e-mail.*
Distribuite agli studenti tante metà dei fogli A4 quante sono le categorie (5), chiedendo di scriverne una su ogni foglio. Lasciate agli studenti cinque minuti per scrivere tutte le frasi che conoscono adatte ad esprimersi nelle situazioni indicate. Passati i cinque minuti i corsisti confrontano i loro foglietti con quelli del vicino ed eventualmente aggiungono ciò di cui non si erano ricordati. Terminata la consultazione si fa un riscontro in plenum durante il quale gli studenti dicono a voce alta ciò che hanno scritto mentre l'insegnante annota le frasi nella categoria corrispondente alla lavagna. Infine si confronta il risultato complessivo con lo schema offerto dal libro.

L'archivio mobile: consigliate agli studenti di inserire i fogli nel loro archivio mobile.

Ricapitoliamo!

Procedimento: in plenum osservate le foto. A che tipo di feste potrebbero riferirsi? Invitate i corsisti a lavorare in coppia e a raccontarsi reciprocamente un avvenimento o un giorno particolarmente bello trascorso con gli amici o con la propria famiglia. Il compagno può porre domande per saperne di più. Se gli studenti hanno a disposizione le foto che sono state usate precedentemente l'attività risulterebbe ancora più interessante.

GIOCO

Materiale necessario	Due fotocopie della pagina 79

Procedimento: fotocopiate due volte la pagina 79 e ritagliate le striscioline lungo le linee tratteggiate. Per ogni fotocopia formate un mazzo con le striscioline *avvenimenti* ed uno con quelle *personaggi* e mescolateli. Dividete la classe in due gruppi e consegnate ad ogni gruppo un mazzo di *avvenimenti* ed uno di *personaggi*. A partire dal vostro via i gruppi dovranno ricollegare l'avvenimento con il personaggio giusto. Chi finisce per primo dice *stop*. Ricordate che non è troppo consigliato fare il più presto possibile perché nel calcolo del punteggio si toglie un punto per ogni risposta sbagliata, un punto per ogni risposta non data e se ne assegna uno per ogni risposta esatta. Passate al riscontro in plenum segnando contemporaneamente il punteggio con delle crocette alla lavagna. Infine proclamate il gruppo vincitore.

Grammatica

Materiale necessario	Fotocopie della pagina 80

Procedimento: distribuite le fotocopie agli studenti e chiedete di completarle con gli elementi grammaticali mancanti. Al termine fate confrontare il risultato con gli schemi forniti dalla grammatica di fine lezione. Invitate gli studenti a leggere individualmente quanto spiegato a pagina 75 e a porre eventuali domande. Lasciate loro il tempo per concentrarsi su questa lettura in classe.

L'archivio mobile: consigliate agli studenti di inserire la fotocopia nel loro archivio mobile.

	io	tu	lui/lei	noi	voi	loro	
partire							*per Roma.*
incontrare							*gli amici.*
lavorare							*otto ore.*
guardare							*la tv.*
ricevere							*una lettera.*
avere							*un'idea.*
dormire							*fino a tardi.*
pulire							*la casa.*
fare							*sport.*
fare							*una passeggiata.*
pranzare							*al ristorante.*
comprare							*i fiori.*
cantare							*una canzone.*
regalare							*un diamante.*

avvenimenti	**personaggi**
Ha scritto *Il Milione*.	MARCO POLO
Ha scoperto l'America.	CRISTOFORO COLOMBO
È nato a Betlemme il 25 dicembre dell'anno 0.	GESÙ CRISTO
Ha sposato Marylin Monroe.	JOE DI MAGGIO
Ha recitato nel film *La dolce vita*.	ANITA EKBERG
Ha fondato la Microsoft.	BILL GATES
Ha ballato a lungo con Fred Astaire.	GINGER ROGERS
Ha cantato spesso insieme a Domingo e Carreras.	LUCIANO PAVAROTTI
È diventato imperatore a Natale dell'800.	CARLO MAGNO
Sono andati per la prima volta sulla Luna.	ARMSTRONG, ALDRIN, COLLINS
Ha vinto il Campionato del Mondo di calcio nel 1982.	L'ITALIA
Ha dipinto *Guernica*.	PABLO PICASSO
Ha ucciso Ettore.	ACHILLE
È stato il padre del protestantesimo.	MARTIN LUTERO
Ha perso la scarpa a mezzanotte.	CENERENTOLA
È stato il primo presidente degli Stati Uniti.	GEORGE WASHINGTON

piacere	
mi .... leggere	Ich lese gern.
.... piace la musica classica?	Magst du ....?
Le .... i romanzi gialli?	....

il participio passato		
and..........	avere	dormire
andato	av..........	dorm..........

il passato prossimo			
con *avere*		con *essere*	
ho		....	andato
....		sei	andat......
ha	dormito	....	
abbiamo		siamo	andat......
....		....	andate
....		....	

di + articolo determinativo							
+	il	l'	....	la	....	gli	le
di	del	....	dello	....	dei	....	....

l'aggettivo possessivo							
con il sostantivo al singolare				con il sostantivo al plurale			
il mio	amico	la	amica	i miei	parenti	.... mie	colleghe
il		la tua		i		le	
il suo/Suo		la sua/..........		i suoi/Suoi		....	
il nostro		la		.... nostri		le	
il		.... vostra		....		.... vostre	
.... loro		....		i loro		....	

9 Ripasso

A Un soggiorno a Lucca

Tema	Soggiorni in Italia
Lessico	◆ Informarsi e raccontare
Materiale necessario	ATTIVITÀ INTRODUTTIVA: alcuni fogli formato A4 UN SOGGIORNO A LUCCA: alcune pedine (vanno bene anche delle monete) e qualche dado

➡ **Attività introduttiva:** invitate gli studenti ad immaginarsi di trascorrere finalmente due settimane in Italia. È primavera e si trovano in una cittadina di provincia della Toscana. Per la prima settimana il soggiorno è in albergo, durante la seconda invece si è ospiti di una famiglia. Distribuite i fogli formato A4 e chiedete ai corsisti di annotare le attività che gli piacerebbe svolgere durante il periodo di vacanza.

Un soggiorno a Lucca

Procedimento: leggete l'introduzione del gioco per far capire la situazione. Adesso sappiamo dove ci troviamo. La città toscana è Lucca, i primi giorni si trascorrono all'albergo *La Luna* e poi si va ad abitare dalla famiglia Baldi. Dividete la classe in gruppi di 3-4 persone e consegnate ad ognuno un dado e 3-4 pedine. All'inizio del gioco tutte le pedine sono posizionate sulla casella *Partenza/Arrivo*. A turno ogni giocatore lancia il dado e avanza in senso orario (seguendo le frecce) di tante caselle quante sono indicate dal dado. Dopo aver letto il compito scritto sulla casella su cui è arrivato, il corsista lo svolge rivolgendosi ad un compagno. Ai fini del gioco quest'ultimo non deve necessariamente rispondere, però, se lo fa, utilizza un'occasione in più di esercitare la lingua parlata. Il giocatore può rimanere sulla casella conquistata se il gruppo è soddisfatto dello svolgimento del compito, altrimenti deve ritornare dove si trovava precedentemente. Ogni compito svolto dà diritto ad un punto; se due corsisti hanno svolto lo stesso compito ottengono ciascuno un punto. Il gioco termina quando uno dei giocatori ottiene dal lancio del dado il numero esatto per raggiungere la casella *Arrivo*. Se il numero ottenuto nell'ultimo lancio non è quello giusto, lo studente deve indietreggiare di una casella. Non vince il giocatore che arriva per primo, ma colui che ottiene il punteggio più alto, per cui non c'è troppo da rallegrarsi se si tirano tutti sei!

➡ **Attività supplementare:** discutete con gli studenti: quali attività da svolgere durante un soggiorno in Toscana si erano annotati durante l'attività introduttiva? Quali attività si sono svolte durante il soggiorno descritto nel gioco? Tornando alla realtà: chi ha trascorso di recente un periodo in Italia? Che cosa ha fatto?

B Scrivere in italiano? Ma sì!

Tema	Prendere appunti e creare un testo
Materiale necessario	PUNTI 1–4 E ATTIVITÀ SUPPLEMENTARE: alcuni fogli A4, dei post-it e un cartellone

➡ **Attività introduttiva:** scrivete in colonna alla lavagna: *Scrivere? Scrivere o parlare? Scrivere o telefonare?*. Discutete insieme agli studenti sui mezzi di comunicazione verbale che preferiscono nella loro lingua. Sono persone che parlano molto? Amano scrivere o lo detestano? Preferiscono parlare e telefonare o scrivere? Capiscono meglio quando ascoltano o quando leggono? Adesso fateli riflettere sugli stessi argomenti, però questa volta riferendosi alla lingua italiana. Cosa cambia? Sicuramente tutti si sono trovati in situazioni in cui capita magari di sapere esattamente quello che si vuol dire, di conoscere anche i vocaboli necessari a farlo e tuttavia di aver bisogno di un qualche momento in più prima di comporre le parole in una frase e finalmente pronunciarle. Quando si scrive la situazione è analoga, però si è avvantaggiati dal fatto di avere più tempo a disposizione. Si può comunque provare a scrivere un testo in italiano. Con qualche indicazione e procedendo per piccoli passi ci si accorgerà che è più facile di quanto si potrebbe pensare!

1 Per cominciare

Il primo passo è indipendente dalla lingua in cui si compone il testo. Discutete insieme alla classe sui tipi di testo che conoscono e raccogliete i suggerimenti alla lavagna (*un dialogo, una biografia, un racconto, una lettera, una poesia, un articolo di giornale, una e-mail* ecc.). Individualmente ogni studente decide quale tipo di testo vuole scrivere e che cosa vuole dire. Consegnate i fogli formato A4. Invitate gli studenti a prendere appunti, anche in tedesco, riguardo al contenuto del testo che intendono scrivere. Suggerite un paio di idee, per esempio si potrebbe scrivere una lettera per raccontare un avvenimento o una breve autobiografia.

2 Le parole giuste

Chiedete agli studenti se hanno già deciso il tipo di testo che desiderano scrivere e i suoi contenuti. Consegnate un po' di post-it ad ogni corsista. Sulla base degli appunti presi precedentemente ognuno annota le parole necessarie ad esprimere quello che vuole scrivere sui post-it e li attacca sul foglio degli appunti, in prossimità dell'argomento a cui si riferiscono. Alcune parole vengono subito in mente, altre no. Invitate gli studenti a risfogliare il libro, a rivolgersi al proprio compagno o a voi per avere le informazioni che stanno cercando, oppure a dare un'occhiata al vocabolario, se è proprio indispensabile.

3 Un modello c'è già.

Nelle lezioni precedenti si sono già incontrati testi che forniscono indicazioni e agevolano il compito di scrivere. Lasciate ai corsisti il tempo di sfogliare il libro allo scopo di ritrovare testi che potrebbero costituire un modello. Dividete la lavagna in due metà e da una parte raccogliete i suggerimenti, scrivendo anche il numero della pagina in cui si trovano i testi, affinché tutti possano andare a guardarli. Sull'altra metà della lavagna scrivete *la vostra biografia/una lettera*. Quali testi del libro sono di aiuto per scrivere la propria biografia o una lettera? Prendendo spunto dai testi individuati si possono annotare, sempre sui post-it, le forme utili a produrre ex-novo.

4 E ora scrivete!

Con tutti gli appunti raccolti fino a questo momento finalmente si può scrivere un testo in italiano senza preoccupazioni. Consigliate agli studenti di fare a meno del vocabolario, ormai non è più necessario ed eventualmente possono sempre rivolgersi a voi. Consegnate i fogli formati A4 e augurate pure buon divertimento alla vostra classe di scrittori alle prese con la loro opera in italiano!

Attività supplementare: mentre gli studenti scrivono preparate un cartellone. Separatelo in tre parti: *la mia biografia, una lettera, altri testi* e attaccatelo alla lavagna. Quando gli studenti avranno terminato di scrivere i loro testi invitateli a venire ad attaccare i post-it con i loro appunti sulle corrispondenti parti del cartellone. Adesso tutti possono usufruire delle conoscenze di tutti e, osservando il cartellone, prendere appunti su fogli da inserire poi nell'archivio mobile. Se volete e se gli studenti lo desiderano, potete farvi consegnare i testi scritti e correggerli per l'incontro successivo.

ITALIA E ITALIANI

Tema	Italiani e negozi, tempo libero, famiglia
Materiale necessario	Fotocopie di un foglio A4 preparato con le domande indicate

Procedimento: gli studenti hanno già letto la pagina a casa. Discutete in plenum su ciò che sanno a proposito dell'apertura dei negozi in Italia, del modo in cui gli italiani trascorrono il loro tempo libero e dell'argomento famiglia, matrimonio, feste in famiglia. Avevano delle convinzioni sbagliate prima della lettura? Quale aspetto di vita fra quelli esaminati sorprende di più gli studenti? Discutete ancora in plenum.

Distribuite adesso le fotocopie di un foglio preparato da voi con le seguenti domande: *A che ora aprono i negozi nel tuo paese? E a che ora chiudono? Nel tuo paese sono aperti i negozi il fine settimana? Ci sono molti centri commerciali nella tua città? Sei membro di un'associazione o di un gruppo per attività tipo sport, musica, volontariato? Organizzi con molto anticipo le serate con gli amici? Che cosa hai fatto il giorno di Pasquetta dello scorso anno? Guardi molto la televisione? Incontri spesso i tuoi genitori o i tuoi figli? A quanti anni sei andato a vivere da solo? Battesimo, comunione, cresima, matrimonio: racconta qualcosa di una festa del genere nella tua famiglia.* Chiedete agli studenti di rispondere per iscritto alle domande. Al termine, lavorando in piccoli gruppi, i corsisti parlano delle loro abitudini e delle differenze tra il loro stile di vita e quello italiano.

LEZIONE 10 Li vuole provare?

Pagina introduttiva

Tema	Gli acquisti
Lessico	◆ Articoli di abbigliamento e vari
Materiale necessario	ATTIVITÀ INTRODUTTIVA: alcuni post-it

➡ Attività introduttiva: consegnate un po' di post-it agli studenti. Invitateli a pensare a ciò che hanno comprato negli ultimi tre giorni e a fare su ogni post-it lo schizzo di un oggetto. Fate attaccare i post-it alla lavagna. I nomi in italiano di molti oggetti sono chiaramente sconosciuti ma molto probabilmente non tutti. Chi ne conosce qualcuno stacca il post-it e fa domande alla classe per scoprire chi ha comprato la merce raffigurata, per esempio *Andreas, hai comprato il pane?*, oppure *Signora Mayer, ha comprato i pomodori?*. Se volete rendere l'attività competitiva potete dichiarare vincitore colui che si impossessa di più post-it. Invitate gli studenti a riprendersi i post-it che nessuno ha staccato nella speranza che durante la lezione si impari il termine italiano corrispondente all'oggetto raffigurato!

Osservate.
Procedimento: invitate gli studenti ad osservare la foto e i disegni. Dove siamo? Che cosa potrebbero aver comprato le due persone? Discutete in plenum. Chiedete agli studenti se recentemente hanno comprato dei prodotti italiani, segnate alla lavagna le risposte e osservate insieme qual è il prodotto italiano più acquistato dalla classe.

A Carina la giacca beige!

Tema	Parlare dell'abbigliamento
Lessico	◆ Descrizione di vestiti
Grammatica	◆ Le terminazioni degli aggettivi di colore ◆ Alcuni usi delle preposizioni *di*, *da*
Materiale necessario	PUNTO 2 (ATTIVITÀ SUPPLEMENTARE): un foglio formato A4

1 Leggete e abbinate.
Procedimento: invitate gli studenti ad osservare le immagini e la loro descrizione. Quali termini indicano quali oggetti? Lasciate lavorare gli studenti individualmente e poi fate controllare il risultato in coppia. Infine fate un riscontro in plenum. Vicino alle immagini ci sono dei fumetti che contengono commenti riguardo ai capi di vestiario. C'è qualcosa tra gli oggetti raffigurati che piace agli studenti? Parlatene.

Attenzione! L'aggettivo *marrone* è solitamente invariabile. L'uso corrente in Italia prevede però anche l'uso della forma plurale *marroni*. Se volete, potete farlo presente agli studenti.

2 Osservate.
Procedimento: scrivete alla lavagna *Che bello il maglione bianco/beige! Carina la giacca bianca/beige! Belli gli stivali neri/beige!* in colonna, così come sono scritti nel libro. Invitate gli studenti ad osservare le frasi facendo particolarmente attenzione ai colori. Che cosa notano? Qual è la particolarità dell'aggettivo *beige*? Provate a cancellare il *beige* dalla prima posizione e a scriverlo sulla terza riga. Cambia qualcosa? Assolutamente no. Prendete un altro degli aggettivi che indicano il colore e provate a cambiargli posizione. È possibile? No. Invitate gli studenti ad osservare le descrizioni del punto A1. Ci sono altri aggettivi che si comportano come *beige*? Dividete la lavagna in due parti. Seguendo i suggerimenti degli studenti inserite in una metà gli aggettivi di colore che si comportano come *beige* e nell'altra metà quelli che si comportano come *bianco*.

Soluzione: *blu, marrone*

➡ Attività supplementare: scrivete alla lavagna *Nel mio armadio c'è* e *Nel mio armadio manca*. Consegnate il foglio formato A4 agli studenti, chiedete loro di dividerlo in due colonne e di ricopiarvi le frasi scritte alla lavagna. Individualmente gli studenti riflettono su quello che c'è e quello che manca nel loro armadio e scrivono gli oggetti e il loro colore nella colonna corrispondente (massimo dieci oggetti nella colonna *c'è* e quattro o cinque nella colonna *manca*). Lavorando in coppia gli studenti si pongono a turno delle domande per scoprire quello che c'è e quello che manca nell'armadio del compagno, ad esempio *Nel tuo armadio c'è un maglione nero? Nel tuo armadio c'è una cravatta azzurra?*. Ognuno ha diritto ad un massimo di dieci domande e naturalmente vince chi indovina di più. Invitate gli studenti a conservare il foglio. Servirà per attività successive.

3 Guardate e raccontate.
Procedimento: invitate gli studenti ad osservare i campioni di colori e a discutere in coppia o in piccoli gruppi dei colori preferiti da ognuno, prendendo spunto dalle frasi indicate nel libro. Al termine fate qualche domanda in plenum sui colori preferiti.

4 In classe
Procedimento: analizzate in plenum le immagini relative ai materiali e alle fantasie e gli aggettivi riguardanti l'abbigliamento. Potete chiarire meglio il loro significato associandoli, se possibile, ai vestiti indossati dagli studenti. Chiamate tutti al centro della classe e fate disporre le persone in semicerchio. A turno gli studenti descrivono l'abbigliamento di un compagno mentre gli altri si guardano intorno per indovinare di chi si tratta.

➡ Attività supplementare: mettete alla prova la memoria dei vostri studenti. Disponeteli casualmente in fila per due e fateli girare in modo che i due membri di ogni coppia si diano le spalle. A turno i due studenti devono cercare di descrivere come è vestito il compagno dietro di loro.

5 Lavorate in coppia.
Procedimento: invitate gli studenti ad immaginarsi di partire per uno dei quattro viaggi indicati. Lavorando individualmente ognuno prepara una lista di ciò che metterebbe in valigia in un'occasione simile. Lavorando poi in coppia i corsisti raccontano a turno il contenuto del loro bagaglio al compagno e questi deve indovinare di quale viaggio si tratta.

➡ Attività supplementare: dividete la lavagna in tre parti e scrivete nella prima colonna *colori*, nella seconda *materiale* e nella terza *per ...* . Nella colonna *colori* disegnate un quadratino di un unico colore, dei riquadri, delle righe e dei fiori e fatevi elencare i vocaboli per descrivere tessuti sul tipo degli schizzi fatti, ovvero *in tinta unita, a quadri, a righe, a fiori*. Chiedete agli studenti di quale materiale possono essere fatti i vestiti e scrivetelo nella colonna *materiale*, ad esempio *di cotone, di lana, di seta, di pelle*. Nella colonna *per ...* scrivete *per fare il bagno al mare, per sciare, per il sole, per giocare a tennis*. Chiedete agli studenti *Cosa serve per fare il bagno al mare?, e per sciare?, e quando c'è il sole?, e per giocare a tennis?* Raccogliete i suggerimenti alla lavagna, ad esempio, *il costume da bagno, i guanti da sci, gli occhiali da sole, le scarpe* o *la racchetta da tennis*. Al termine sottolineate l'uso della preposizione *a* per indicare la fantasia di un tessuto (attenzione: *in* tinta unita!), *di* per il materiale e *da* per l'uso.

➡ Attività supplementare: chiedete agli studenti di riprendere il foglio con la lista *Nel mio armadio c'è*, *Nel mio armadio manca*. Lavorando in coppia gli studenti descrivono nuovamente i capi di vestiario che hanno nell'armadio: questa volta si possono aggiungere dettagli riguardanti fantasie, tessuti e uso. Il foglio servirà ancora!

Ascolto

Tema	Dove acquistare un capo d'abbigliamento
Lessico	◆ Espressioni relative a vestiario, negozi, prezzi

➡ Attività introduttiva: scrivete alla lavagna: *in un negozio del centro, in una boutique, in un grande magazzino, al mercato*. Chiedete agli studenti dove preferiscono comprare i vestiti. Magari introducete l'argomento «città italiane» e discutete sulle abitudini relative agli acquisti in Italia e in Germania. Probabilmente alcuni adorano i mercatini italiani ma nel loro paese preferiscono i grandi magazzini, altri ogni tanto vanno a fare un giro per i negozi di Milano, altri chissà ...

1 Ascoltate e discutete. → 47
Procedimento: fate ascoltare il dialogo un paio di volte. Lasciate discutere gli studenti in piccoli gruppi su ciò che hanno capito e sul tipo di situazione presentata.

Trascrizione del dialogo:
- ● Mah, bene, insomma, adesso sei a Roma: che programmi hai oggi ... per questo pomeriggio?
- ○ Mah, volevo comprarmi qualcosa, sai una giacca, per esempio ...
- ● Ah, beh sì, a Roma ci sono tanti negozi. Ma che tipo di giacca vorresti?
- ○ Avevo visto, ultimamente, una bella giacca di jeans, ma non so ...
- ● Una cosa sportiva quindi?
- ○ Sì.
- ● Una giacca jeans, hm! Ma, conosci qualche negozio qui a Roma, o no?
- ○ A dirti la verità, no!
- ● Guarda, mi viene in mente ... dunque, in centro, proprio a Via del Corso, quindi in centro, c'è un negozio che si chiama Strada ...
- ○ Aha!
- ● ... e che vende molti articoli, appunto ... di abbigliamento sportivo e ... ne ho viste ultimamente! Ho visto molte giacche jeans così ...
- ○ Ah!

- ... più corte, più lunghe. Non è proprio economicissimo ...
- ○ Ah! Beh, io non volevo spender tanto ... hm, ma se ti va, magari potremmo andarci insieme!
- Eh, poi mi viene in mente, tu domenica sarai ancora qui? Perché la domenica, a Roma, c'è questo mercato famosissimo, Porta Portese ...
- ○ Ah, sì.
- ... e non so se ne hai sentito parlare ...
- ○ Sì lo conosco ...
- Ah sì ...
- ○ ... una canzone di Baglioni ...
- Ahhh, sì ... sei stato ... ah, non lo conosci, non sei stato però a Porta Portese, no?
- ○ Mai, mai!
- Ed è molto bello, perché trovi cose nuove e cose usate ma ... ti dico, io ho comprato diverse cose a Porta Portese, non so, questi pantaloni ... questa maglietta anche ... pensa, che questa è una maglietta di filo di seta, insomma, eh veramente l'ho pagata pochissimo.
- ○ Ah, bene!
- Ti va anche ... potremmo andare, oggi, da Strada a vedere le giacche jeans lì ...
- ○ Ah ah!
- ... però sono un po' di marca, sono cose ...
- ○ Beh!
- ... articoli ...
- ○ Sì, se non si spende troppo.
- Hm, non lo so! Sennò domenica possiamo andare anche a Porta Portese ...
- ○ Benissimo, facciamo così!
- Bene!

Soluzione: *si tratta di una ragazza che consiglia ad un amico il luogo migliore per comprare una giacca di jeans.*

2 Ascoltate e mettete una crocetta. → 47

Procedimento: fate ascoltare di nuovo il dialogo. Questa volta lo scopo è quello di mettere una crocetta sulle affermazioni giuste. Fate controllare il risultato in coppia prima di procedere al riscontro in plenum.

Soluzione: 1. *Roma,* 2. *una giacca,* 3. *sportivo,* 4. *di un mercato*

3 Rispondete. → 47

Procedimento: gli studenti ascoltano di nuovo la conversazione allo scopo di rispondere alle domande. Lasciate il tempo per controllare i risultati prima in coppia o in gruppo, magari facendo un doppio controllo in cui si scambiano le persone e infine procedete al riscontro in plenum.

Soluzione: 1. *pantaloni, maglietta,* 2. *la domenica,* 3. *in Via del Corso*

Attività supplementare: riprendete la discussione dell'attività introduttiva. Qualcuno conosce Porta Portese? Quali impressioni hanno gli studenti dei mercati italiani? Quali tipi di mercato conoscono, per esempio il mercatino delle pulci, il mercatino dell'antiquariato, il mercato della frutta, ecc.

B Che taglia porta?

Tema	Acquistare indumenti
Lessico	◆ Espressioni relative agli acquisti
Grammatica	◆ I verbi *dire* e *volere* ◆ I pronomi diretti *lo/la/li/le*
Materiale necessario	ATTIVITÀ INTRODUTTIVA: il foglio con gli elaborati dell'attività supplementare dopo A2 e dell'ultima attività supplementare dopo A5 PUNTO 3: dei cartellini da inserire nell'archivio mobile PUNTO 6 (DADO): cartellini ricavati dalla fotocopia di pag. 91 e pennarelli colorati PUNTO 7 (ATTIVITÀ SUPPLEMENTARE): cartellini ricavati dalla fotocopia di pag. 91 PUNTO 8 (ATTIVITÀ SUPPLEMENTARE): i post-it usati nel corso dell'attività introduttiva della prima pagina

Attività introduttiva: chiedete agli studenti di prendere ancora una volta il foglio formato A4 con la lista *Nel mio armadio c'è, Nel mio armadio manca.* Osservando la colonna *Nel mio armadio manca* i corsisti si raccontano il loro prossimo acquisto, descrivendone le caratteristiche il più dettagliatamente possibile.

1 Ascoltate. → 48

Procedimento: osservate l'illustrazione. Chiedete agli studenti quali pensieri e immagini associno ad un negozio di vestiti. Quali sono le cose a cui danno più importanza quando fanno spese? I prezzi, il materiale, la marca, la moda? Raccogliete le informazioni principali alla lavagna. Fate ascoltare tre volte il dialogo secondo le solite modalità.

2 Completate.

Procedimento: invitate gli studenti a lavorare individualmente e a completare le frasi del testo deducendo le soluzioni dal dialogo appena ascoltato.

Soluzione: 1. *i pantaloni grigi,* 2. *la taglia 42,* 3. *i pantaloni neri,* 4. *un po' stretti*

Ricordate agli studenti che le taglie italiane non corrispondono a quelle tedesche. Normalmente la 42 italiana equivale ad una 36 in Germania, la 44 è la 38. Fatelo soprattutto per il pubblico femminile, affinché non si deprima durante le campagne acquisti italiane!

3 Prendete appunti.

Procedimento: scrivete alla lavagna *chiedere un capo di vestiario, commentare un capo di vestiario.*

Rileggendo il dialogo appena ascoltato gli studenti cercano le espressioni adatte ad esprimersi nelle situazioni indicate e le scrivono negli appositi spazi mentre voi segnate i loro suggerimenti alla lavagna. Consegnate i cartellini e invitate gli studenti a trascrivervi le frasi per poi inserirle nell'archivio mobile.

Soluzione: *vorrei vedere i pantaloni grigi che sono in vetrina, Ci sono anche in nero?, mi fa vedere anche una maglietta beige?, la posso provare?/Però questo grigio ... veramente non mi piace molto, Non sono un po' stretti?, non sono stretti ... Questo è il modello ...*

4 Fate voi il cliente!

Procedimento: finalmente è arrivato il grande momento! Almeno con la fantasia si può comprare uno degli oggetti che mancano nel proprio armadio. Assumete il ruolo del commesso e invitate uno studente ad entrare nel vostro negozio. Cercate di assecondare i suoi desideri e, dopo aver *servito* un paio di persone, lasciate pure che gli studenti, lavorando in coppia, continuino i loro acquisti facendo a turno il cliente e il commesso. Si deve trattare di un'attività veloce, in cui gli studenti dopo poche battute si scambiano i ruoli.

5 Lavorate in coppia.

Procedimento: gli studenti lavorano in coppia e, con l'aiuto delle immagini, completano le risposte dei due clienti, avvalendosi degli aggettivi proposti.

Soluzione: *UOMO: La camicia è piccola/stretta. I pantaloni sono corti/piccoli. DONNA: La maglietta è larga/grande. La gonna è lunga/grande.*

6 Completate.

Procedimento: gli studenti lavorano individualmente e, riguardando il dialogo del punto B1, completano gli specchietti con le forme mancanti dei verbi. Nel frattempo riproducete alla lavagna la parte destra dello specchietto *Ecco il completo. Lo vuole provare? Ecco la maglietta. ... vuole provare? Ecco i pantaloni. ... vuole provare? Ecco le scarpe. Le vuole provare?* Fatevi suggerire le due forme mancanti dei verbi *dire* e *volere* e riempite gli spazi vuoti con i pronomi che i corsisti ritengono giusti. Cancellate la parola *completo* e chiedete ai corsisti con quale sostantivo la si potrebbe sostituire senza dover cambiare il pronome *lo*. Segnate i suggerimenti alla lavagna. Procedete allo stesso modo con gli altri sostantivi *maglietta, pantaloni* e *scarpe*. Adesso raggruppate tutte le parole che avete usato per sostituire i quattro sostantivi iniziali e analizzatene genere e numero. In questa maniera risulterà evidente che il pronome *lo* si usa per il maschile singolare, *la* per il femminile singolare, *li* per il maschile plurale e *le* per il femminile plurale.

Dado: fotocopiate la pagina 91 e ritagliate i 14 cartellini raffiguranti oggetti di vestiario, accessori e scarpe. Consegnate un mazzo ad ogni coppia di studenti e chiedete di dividersi le carte a metà in modo che ognuno ne abbia in mano 7. Sulle carte i corsisti segnano con un pennarello il colore che intendono dare all'oggetto. Si possono scegliere solo quattro colori, nero, rosa, marrone e blu. Ogni studente chiede al compagno se ha un oggetto di un determinato colore, ad esempio *Ha/hai una giacca marrone?*. Se questi è in possesso della carta *giacca*, ed effettivamente le ha assegnato il colore marrone, la offre al compagno con la frase *Sì, la vuole/vuoi provare?* Il compagno può prendersi la carta della giacca e porre un'altra domanda. Se invece il compagno non ha una *giacca marrone* acquisisce il diritto di fare la domanda successiva. Ricordate agli studenti che il numero di carte non è infinito e che contengono solo oggetti di vestiario e scarpe di cui si è già parlato. Fate conservare le carte degli oggetti che hanno chiesto di provare: serviranno tra poco!

7 Completate.

Procedimento: lasciate agli studenti qualche minuto di tempo per lavorare individualmente e completare le frasi dell'esercizio. Fate controllare i risultati prima in coppia e poi in plenum.

Soluzione: *lo, li, li, la, le, la*

Attività supplementare: scrivete alla lavagna *provare in un colore diverso, allungare, stringere, provare in un numero più piccolo/grande, cambiare, prendere*. Chiedete agli studenti di disporre davanti a sé le carte di cui sono entrati in possesso durante l'attività del dado. Lavorando di nuovo in coppia gli studenti esprimono la loro opinione a proposito degli oggetti raffigurati sulle carte. Possono chiedere di cambiare, allungare, stringere, provare in numero o colore diverso oppure esprimere soddisfazione e dichiarare l'intenzione di acquistare con frasi del tipo *Questa maglietta mi piace, la prendo, Questi stivali sono stretti, li posso provare in un numero più grande?, Questo vestito non mi sta bene, lo posso cambiare?*

8 **Fate conversazione.**
Procedimento: gli studenti lavorano in coppia. In una vetrina hanno visto un vestito che gli piace. Entrano nel negozio e lo chiedono al commesso, ma purtroppo ci sono problemi per il colore e/o la taglia. Il commesso o la commessa mostrano articoli diversi fino a che il cliente trova qualcosa che gli piace veramente.

➡ **Attività supplementare:** ricordate agli studenti i post-it scritti durante l'attività introduttiva della prima pagina. Alcuni termini allora erano sconosciuti. Com'è la situazione adesso?

C Fare shopping a Bologna

Tema	Parlare di negozi e di quello che vi si compra
Lessico	◆ Diversi tipi di negozi e prodotti
Materiale necessario	PUNTO 2: alcuni post-it

➡ **Attività introduttiva:** chiedete agli studenti quali sono le città che preferiscono per fare shopping. Riferitevi prima al loro paese e poi chiedete se qualcuno conosce città o paesi italiani dove fare acquisti è un piacere. Quali sono le esperienze dei corsisti? Scrivete alla lavagna *mercati, supermercati, negozi vari*. Fatevi suggerire dalla classe qualche aggettivo da associare alle tre categorie.

1 **Leggete e sottolineate.**
Procedimento: lasciate agli studenti il tempo per leggere individualmente il testo riguardante lo shopping a Bologna. Alla lavagna disegnate sei punti interrogativi. Chiedete agli studenti di indicarvi i generi di negozi di cui si parla nel testo e sostituite di volta in volta un punto interrogativo con un termine. Non cancellate le soluzioni dalla lavagna. Serviranno per le attività successive.

Soluzione: *negozi d'abbigliamento e di scarpe, bancarelle di frutta e verdura, mercato del pesce, salumeria, panificio-pasticceria, enoteca*

i *Fare shopping* non è sicuramente la più italiana delle espressioni ma ormai è entrata a far parte del linguaggio corrente e la usano un po' tutti. *Fare shopping* non indica però solo l'atto del comprare, ma comprende il girare per negozi, guardare un po' qua e un po' là, passeggiare davanti alle vetrine e comprare articoli diversi. L'equivalente in italiano è *fare spese*. *Fare spese* è un'attività in parte anche ricreativa mentre *fare la spesa* è → una necessità in quanto consiste nel comprare generi alimentari e prodotti che si usano comunemente in casa (lezione 6, pag. 64).

2 **Completate.**
Procedimento: invitate gli studenti a scrivere negli appositi spazi alcuni prodotti che si possono acquistare nei negozi elencati. Nel frattempo sostituite alla lavagna la categoria *negozio di abbigliamento e di scarpe* con *macelleria* e *mercato del pesce* con *pescheria* in modo che i termini alla lavagna corrispondano a quelli che gli studenti hanno nel libro. Consegnate dei post-it e chiedete di scrivere su ogni fogliettino il nome di un prodotto. Chiamate gli studenti ad attaccare i post-it sotto le categorie corrispondenti alla lavagna. Fate un po' di ordine, togliete i doppioni e mettete i post-it in colonna. Gli studenti possono aggiungere nelle liste del loro libro i nomi di prodotti scritti da compagni di cui non conoscevano l'equivalente in italiano.

Soluzione: *PROPOSTA (da sin. in alto a ds. in basso): noci, peperoni, patate, insalata; prosciutto, mortadella; vino, spumante; pane, panini, cornetti, pasta fresca (a volte); calamari, trote; maiale, coniglio*

➡ **Attività supplementare:** scrivete alla lavagna *Ho fatto shopping a ...* Gli studenti ricopiano la frase su un foglio e annotano i negozi in cui sono entrati e i prodotti che hanno acquistano l'ultima volta che hanno fatto shopping, se possibile in Italia. Sulla base degli appunti e imitando un po' il testo del punto C1, i corsisti descrivono al compagno il luogo in cui hanno fatto spese e quello che hanno portato a casa, raccontando non solo i prodotti ma anche le impressioni. Volendo si può fare una discussione in plenum.

3 **Lavorate in gruppi.**
Soluzione: gli studenti lavorano in piccoli gruppi e si raccontano delle proprie abitudini nel campo degli acquisti. Cosa comprano al supermercato? Cosa al mercato? E nei negozi specializzati? Quali sono le loro preferenze relativamente ai tipi di prodotti o ai giorni prescelti per andare in città o al centro commerciale?

D A chi tocca?

Tema	Fare la spesa
Lessico	◆ Generi alimentari
Grammatica	◆ Quantità ◆ Articolo partitivo
Materiale necessario	PUNTO 2 (ATTIVITÀ SUPPLEMENTARE): alcuni cartellini bianchi o dei post-it PUNTO 3 (ATTIVITÀ SUPPLEMENTARE) E PUNTO 4: alcuni fogli formato A4

➡ **Attività introduttiva:** chiedete agli studenti di dare un'occhiata alla lista di prodotti scritti nella colonna *negozio di frutta e verdura* della pagina precedente. Quali tra quelli compresi nella lista hanno comprato negli ultimi tre giorni? Quali devono comprare la prossima volta che vanno a fare la spesa?

1 Ascoltate. →49

Procedimento: invitate gli studenti ad osservare la foto. Dove siamo? Chi c'è nell'immagine? Quali prodotti sono raffigurati? Scrivete alla lavagna *Quali prodotti?* Fate ascoltare il dialogo come al solito almeno tre volte e chiedete agli studenti di suggerirvi i prodotti di cui si parla. Segnate i risultati alla lavagna.

Soluzione: *pomodori, uva, peperoni, funghi porcini, basilico*

2 Completate.

Procedimento: chiedete agli studenti di sottolineare le espressioni usate dalla cliente per rispondere alle domande del commesso riportate nel libro e di trascriverle negli appositi spazi.

Soluzione: *... tocca a me, Vorrei ..., Sì, mi dia ..., Basta così, grazie ...*

➡ **Attività supplementare:** scrivete un numero per ogni post-it o cartellino, partendo da 1 e procedendo fino al numero degli studenti presenti. Consegnate i post-it alla rinfusa. Gli studenti vengono al centro della classe e si dispongono in ordine sparso come se la cattedra fosse il banco di un supermercato. Mettetevi al vostro posto di lavoro e chiedete *A chi tocca?* Lo studente con il numero 1 risponde *Tocca a me*. Chiedetegli cosa desidera e aspettate la sua risposta, ad esempio *Mi dica! o Vorrei ...* Passate al cliente successivo. *A chi tocca?* È il turno del numero 2. Continuate così fino a che tutti gli studenti saranno stati serviti!

3 Completate.

Procedimento: gli studenti lavorano individualmente e inseriscono negli appositi spazi le quantità mancanti, deducendole dal dialogo D1. Invitateli a confrontare fra loro le frasi delle due sezioni dello specchietto. Quali sono le differenze nelle indicazioni di quantità? Scrivete alla lavagna *dell'uva, dei pomodori* e chiedete quanta è *dell'uva*. Un chilo? Dieci chili? Due etti? Lo stesso vale per *dei pomodori*. Gli articoli partitivi, composti dalla preposizione semplice *di* più l'articolo determinativo richiesto dal sostantivo che li accompagna, indicano una quantità non specifica. Quando invece la quantità è definita il sostantivo a cui si riferisce è preceduto dalla preposizione semplice *di*: *due etti di prosciutto*.

Soluzione: *mezzo chilo, un chilo, tre etti*

➡ **Attività supplementare:** scrivete alla lavagna *In cucina c'è, In cucina manca*. Consegnate ad ogni studente un foglio formato A4, chiedete di dividerlo in due colonne e di ricopiarvi le frasi scritte alla lavagna. Parallelamente a quanto avevano fatto per il vestiario, gli studenti pensano a quello che c'è e quello che manca nella loro cucina e scrivono i prodotti, accompagnati da quantità o articoli partitivi, nella colonna corrispondente (massimo dieci nella colonna *c'è* e quattro o cinque nella colonna *manca*). Lavorando in coppia gli studenti si pongono a turno delle domande per scoprire quello che c'è e quello che manca nella cucina del compagno, ad esempio *In cucina c'è la pasta?* Se *la pasta* c'è si procede cercando di indovinarne anche approssimativamente la quantità con un massimo di tre domande. Per alcuni prodotti, ad esempio il prezzemolo, è impossibile definire la quantità quindi è necessario usare il partitivo. Se *la pasta* manca il turno passa al compagno.

4 Lavorate in gruppi.

Procedimento: dividete la classe in gruppi. Osservate l'immagine: di che si tratta? Quando facciamo il minestrone non ci mettiamo dentro sempre i soliti ingredienti. Dipende un po' dai nostri gusti e un po' dalle verdure di stagione. Consegnate ad ogni gruppo un foglio formato A4 e invitate gli studenti a mettersi d'accordo su cosa mettere nel minestrone. Dopo aver discusso, il gruppo compila una lista indicando il più precisamente possibile anche le quantità degli ingredienti. Al termine si leggono tutte le ricette oppure le si attaccano alla lavagna e i corsisti possono venire a consultarle e farsi reciprocamente delle domande.

5 Completate.

Procedimento: osservate le foto. Dove siamo? Chi c'è nelle immagini? Quali prodotti si possono riconoscere? Chiedete agli studenti di completare le frasi: cosa consigliano oggi i venditori?

Soluzione: *generi alimentari: del; pescheria: delle, del; negozio di frutta e verdura: dei, dell'*

6 Ascoltate e mettete una crocetta. → 50

Procedimento: spiegate agli studenti che ascolteranno un dialogo in un negozio di generi alimentari. Si tratta di mettere una crocetta sui prodotti della lista comprati dalla cliente.

Trascrizione del dialogo:

- ● Buongiorno, signora!
- ○ Buongiorno!
- ● Come va?
- ○ Bene, grazie! E Lei?
- ● Hm, accontentiamoci! Cosa le do oggi?
- ○ Eh, vorrei una scatola di pomodori pelati ...
- ● ... pomodori pelati ... eccoli qua! E poi?
- ○ Ehm ... e poi un pacco di spaghetti ...
- ● Che numero?
- ○ Numero 5.
- ● Numero 5... eccoli qua! Vuole dell'altro?
- ○ Sì, un vasetto di pesto ...
- ● Ecco qua il pesto!
- ○ E poi, delle olive!
- ● Le vuole verdi oppure nere?
- ○ Verdi!
- ● Ehhh, olive verdi ... ce n'è più ... le olive son finite!
- ○ Peccato!
- ● Vuole dell'altro?
- ○ Basta così, grazie!

Soluzione: *una scatola di pomodori pelati, un pacco di spaghetti, un vasetto di pesto*

7 Lavorate in gruppi.

Procedimento: fate lavorare gli studenti in gruppi. Lo scopo è quello di organizzare una cena italiana. Ognuno porta qualcosa da mangiare. Bisogna organizzarsi, fare la lista della spesa con prodotti e relative quantità, indicare i negozi in cui si va e mettersi d'accordo su chi compra cosa.

Organizzare una cena di gruppo non sempre è facile ma a volte ci si riesce. Basta un pizzico di disponibilità in più e produce risultati meravigliosi. Incontrarsi per una volta fuori dalla classe, in un contesto diverso in cui non si è insegnanti e studenti, in cui si può parlare di tutto e non di argomenti prefissati permette di conoscersi da un punto di vista diverso e serve ad amalgamare il gruppo. L'incontro successivo poi si svolge in un'atmosfera diversa, sicuramente più piacevole. Se però la cena risultasse davvero impossibile, si potrebbe decidere di fare uno spuntino durante la lezione successiva o all'ultimo incontro del semestre o prima di Natale. Ognuno porta davvero qualcosa e si riserva l'ultima mezz'ora di tempo ai piaceri del palato. Buon appetito!

Si dice così.

Obiettivo	Al termine di quest'attività gli studenti avranno uno schema chiaro delle strutture comunicative incontrate durante la decima lezione.
Materiale necessario	Alcuni fogli formato A4 divisi a metà, possibilmente più rigidi del normale

Procedimento: scrivete alla lavagna le seguenti categorie: *Chiedere qualcosa in un negozio, Esprimere incertezza su un articolo, Informarsi sulla merce di un negozio, Convincere o tranquillizzare un cliente incerto, Chiedere se il cliente desidera altro, Esprimere un parere positivo su un articolo.* Distribuite agli studenti tante metà dei fogli A4 quante sono le categorie (6), chiedendo di scriverne una su ogni foglietto. Lasciate agli studenti cinque minuti per scrivere tutte le frasi che conoscono adatte ad esprimersi nelle situazioni indicate. Passati i cinque minuti i corsisti confrontano i loro foglietti con quelli del vicino ed eventualmente aggiungono ciò di cui non si erano ricordati. Terminata la consultazione si fa un riscontro in plenum durante il quale gli studenti dicono a voce alta ciò che hanno scritto mentre l'insegnante annota alla lavagna le frasi nella categoria corrispondente. Infine si confronta il risultato complessivo con lo schema offerto dal libro.

L'archivio mobile: consigliate agli studenti di inserire i fogli nel loro archivio mobile.

Ricapitoliamo!

Materiale necessario	ATTIVITÀ INTRODUTTIVA: alcune fotocopie del testo di descrizione delle monete (a pag. 88 del libro)

➡ **Attività introduttiva:** fotocopiate il testo in cui sono descritte le monete e i motivi che contengono. Con il bianchetto cancellate l'importo della moneta scritto in neretto (*1 cent, 2 cent* ecc.). Fotocopiate di nuovo e distribuite le copie agli studenti chiedendo loro di leggere il testo e di reinserire l'importo delle monete aiutandosi con le raffigurazioni presenti nel libro. Se non vi sembra che sia troppo lavoro, cercate di cambiare nella fotocopia la sequenza delle descrizioni.

Procedimento: in plenum osservate le immagini e parlate dei monumenti e delle opere d'arte riprodotti sugli euro italiani. Qualcuno li ha già visti? Ci sono appassionati attenti agli euro provenienti dai diversi paesi o c'è piuttosto un atteggiamento di indifferenza? Quel che conta è soprattutto la quantità? Ebbene, oggi è un giorno fortunato. Ogni corsista ha vinto un sacchetto contenente 1000 euro e può spenderli in cinque negozi a proprio piacimento. Questo sì che è un bel modo di fare shopping! Lavorando in coppia gli studenti si raccontano in che modo spendono il loro gruzzolo, in quali negozi vanno e cosa comprano. Bisogna far presto, c'è un solo giorno di tempo!

GIOCO

Materiale necessario	Alcune fotocopie della pagina 91 e qualche paio di forbici

Procedimento: consegnate ad ogni studente una fotocopia della pagina 91 e chiedete di ritagliare i cartellini bianchi. Gli studenti lavorano in coppia e scelgono un genere di negozio tra tutti quelli di cui si è parlato nel corso della lezione, fatta eccezione per il settore abbigliamento e scarpe. Sui cartellini fanno uno schizzo o scrivono il nome dei prodotti in offerta e li espongono sui banchi come se allestissero una bancarella. Quando tutto sarà pronto la classe può «andare al mercato». Alcuni studenti girano per la classe e ascoltano i venditori che descrivono la loro merce. Dopo un po' si cambia turno e chi prima faceva il venditore può andare a spasso ad ascoltare le offerte degli altri! Volendo si può anche comprare qualcosa.

Grammatica

Materiale necessario	Fotocopie della pagina 92

Procedimento: distribuite le fotocopie agli studenti e chiedete loro di completarle con gli elementi grammaticali mancanti. Al termine fate confrontare il risultato con gli schemi forniti dalla grammatica di fine lezione. Invitate gli studenti a leggere individualmente quanto spiegato a pagina 89 e a porre eventuali domande. Lasciate loro il tempo per concentrarsi su questa lettura in classe.

L'archivio mobile: consigliate agli studenti di inserire la fotocopia nel loro archivio mobile.

 il maglione	 la gonna	 le scarpe da ginnastica	 i pantaloni	 le scarpe
 la maglietta	 gli stivali	 la cravatta	 la cintura	 il vestito
 la giacca	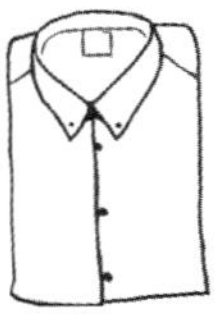 la camicia	 il costume da bagno	 il completo gonna e giacca	

di, a, da
maglione .... lana
camicia .... quadri
pomodori .... insalata

	volere	dire
io	....	dico
tu	....	....
lui, lei, Lei	vuole	....
noi	....	diciamo
voi	volete	....
loro	....	dicono

quantità con *di*	
un chilo di zucchine	una scatola .... pelati
due etti .... funghi	una bottiglia di vino
un litro ....'olio	un pacco .... spaghetti

l'articolo partitivo	
	.... formaggio.
Vorrei	della mortadella.
	.... pomodori.
	.... zucchine.

gli aggettivi di colore	
un vestito giall......	dei pantaloni bianch......
una giacca grigi......	delle scarpe ner......
una gonna bl......	un completo ros......

i pronomi diretti
Il **completo** grigio è molto bello. **Lo** provo.
La **giacca** è troppo cara. Non .... prendo.
I **pantaloni** sono stretti. .... posso cambiare?
Le **scarpe** blu sono carine. .... posso provare?

LEZIONE 11 Cosa fate in vacanza?

Pagina introduttiva

Tema	Le vacanze
Lessico	◆ Vacanze, viaggi e festività ◆ Tempo atmosferico
Materiale necessario	Una fotocopia della prima pagina e alcuni foglietti bianchi

➡ **Attività introduttiva:** fotocopiate la prima pagina e ritagliate le singole immagini. Formate delle coppie e consegnate ad ogni coppia di studenti un'immagine ed un foglietto bianco. Scrivete alla lavagna una lista di espressioni utili a descrivere una foto, ad esempio *in primo piano c'è ..., sullo sfondo si vede ..., al centro della foto c'è ..., secondo me ..., questa persona forse ..., il tempo è ..., siamo a ...* Invitate gli studenti a descrivere la foto utilizzando le espressioni indicate. Dopo qualche minuto unite due coppie. Mentre una coppia descrive la propria foto, l'altra ne fa uno schizzo. Raccogliete tutte le foto e tutti gli schizzi alla rinfusa. Lasciate che siano gli studenti a ricollegare ogni foto al suo schizzo. Discutete in plenum: secondo la classe di cosa si parla nella lezione 11? Chiedete agli studenti di scegliere una sola foto per introdurre l'argomento: quale delle otto immagini rappresenta meglio il tema *vacanze*?

Guardate le foto.
Procedimento: invitate gli studenti ad osservare le foto in plenum e a leggere le definizioni. Ce ne sono altre che possano essere collegate alle immagini? Scrivete in colonna alla lavagna le definizioni date e aggiungete quelle suggerite dagli studenti. Chiedete ai corsisti cosa piaccia loro dell'Italia e invitate ognuno ad assegnare un punteggio da uno a cinque alle definizioni scritte alla lavagna ponendole in relazione con l'Italia, ad esempio: *il mare italiano, il bel tempo in Italia, le città d'arte italiane, la buona cucina italiana* e così via. Consegnate i gessi e lasciate che ognuno completi la pagella. Al termine fate la somma dei punteggi assegnati e scoprite qual è l'aspetto più amato dell'Italia. La *buona cucina* ha grandi probabilità di trionfo!

ℹ Il paesino in altro a sinistra è Pitigliano, in Toscana. I due bambini sono stati fotografati sullo sfondo della costa Amalfitana. Il mosaico si trova a Pompei e l'immagine in basso a destra è stata fotografata a Milano.

A In vacanza mi rilasso ...

Tema	Tipi di vacanze
Lessico	◆ Descrizione di vacanze
Grammatica	◆ I verbi riflessivi ◆ La doppia negazione
Materiale necessario	ATTIVITÀ INTRODUTTIVA: alcune fotocopie della cartina dell'Italia in seconda di copertina PUNTO 3 (DADO): alcune fotocopie del foglio descritto e dei dadi PUNTO 7 (ATTIVITÀ SUPPLEMENTARE): alcune fotocopie del questionario a pagina 92 del libro

➡ **Attività introduttiva:** scrivete alla lavagna il nome di città, regioni, isole, montagne, monumenti italiani famosi. Ad esempio *Sicilia, Firenze, Roma, Milano, Isola d'Elba, Tevere, Gran Sasso, Castel del Monte, Sacra Sindone, Vesuvio, Canal Grande, Torre Pendente, Trulli* ecc. Consegnate ad ogni coppia di studenti una fotocopia della cartina dell'Italia che trovate in seconda di copertina e chiedete di collocare al posto geograficamente giusto quello che avete scritto alla lavagna. Non abbiate paura di fare il riscontro in plenum. Il pubblico tedesco è solitamente preparatissimo in fatto di geografia italiana e a volte ne sa più degli italiani, quindi volendo potete anche essere un po' «cattivi» nella scelta di quello che scrivete alla lavagna!

1 Guardate la carta e raccontate.
Procedimento: invitate gli studenti ad osservare la cartina dell'Italia riprodotta in seconda di copertina. In quali luoghi sono già stati? Cosa gli piacerebbe visitare?

2 Leggete e rispondete.

Procedimento: chiedete agli studenti di suggerirvi alcuni aggettivi utili a definire diversi tipi di vacanza, ad esempio *sportiva, rilassante, cara, economica, avventurosa, noiosa, culturale, romantica* ecc. Scrivete alla lavagna da una parte *Giovanna Cardini, 56 anni, traduttrice*, dall'altra *Andrea Romanelli, 32 anni, libero professionista*. Chiedete agli studenti di immedesimarsi in queste due persone. Che tipo di vacanza può essere adatto per una donna italiana di 56 anni, di professione traduttrice? E per un trentaduenne maschio e libero professionista? Raccogliete i suggerimenti alla lavagna. Fate leggere adesso i due brevi testi. Invitate gli studenti ad indicare il tipo di vacanza preferito da Giovanna Cardini e da Andrea Romanelli. Le supposizioni fatte precedentemente alla lettura corrispondono a quanto i due raccontano? Discutete infine in plenum sul tipo di vacanza preferito dai corsisti.

Soluzione: *G. Cardini: vacanza rilassante,*
A. Romanelli: vacanza sportiva

3 Completate.

Procedimento: prendete in considerazione lo specchietto di sinistra. Si tratta di completare il presente di *divertirsi* con la forma della terza persona plurale, che gli studenti troveranno nel testo precedente. Soffermatevi adesso sui verbi riflessivi invitando gli studenti a trovare la differenza fra l'italiano e il tedesco: in italiano il pronome riflessivo precede sempre il verbo, in tedesco lo segue. Chiedete ai corsisti di rileggere i testi del punto A2 e di sottolineare tutti i verbi che riconoscono come riflessivi (*mi sveglio, mi alzo, mi rilasso, mi godo, si annoia, mi riposo*). A quali persone si riferiscono? Qual è l'infinito? Passate alla parte destra dello specchietto. Chiedete agli studenti di completare le frasi deducendo le parole mancanti dal testo. Cosa notano nell'uso della negazione? In italiano gli avverbi di negazione *mai* e *niente* sono preceduti da *non*, quindi si ha la cosiddetta doppia negazione.

Soluzione: *si divertono; non ... niente, non ... mai*

Dado: scrivete grande alla lavagna *non ... mai, non ... niente* e formulate alcuni frasi a titolo di esempio: *non vado mai in piscina, non mangio niente durante la pausa*. Fate lavorare gli studenti a coppie: ognuno dice all'altro almeno cinque frasi che contengono la doppia negazione. Se volete fare un riscontro, ogni studente riferisce alla classe quello che gli ha detto il compagno.

Per esercitare i verbi riflessivi potete preparare delle fotocopie di un foglio con una lista di verbi, ad esempio: *svegliarsi, alzarsi, riposarsi, rilassarsi, divertirsi, dimenticarsi, annoiarsi, addormentarsi, arrabbiarsi*. Fate lavorare gli studenti a coppie o in piccoli gruppi e consegnate ad ogni gruppetto una fotocopia e un dado. A turno gli studenti scelgono un verbo e lanciano il dado. A seconda del numero ottenuto, dicono la forma corrispondente del verbo (1 = io, 2 = tu, 3 = lui, lei, Lei, ecc.) e la scrivono sul foglio. Se la forma è stata già detta, possono lanciare il dado una seconda volta. L'attività è a tempo: date al massimo una decina di minuti. A conclusione potete fare un breve controllo in plenum. La tabella può poi essere completata a casa.

4 Raccontate.

Procedimento: invitate gli studenti a raccontarsi reciprocamente come dev'essere secondo loro una giornata ideale di vacanza. Non si deve necessariamente pensare alle vacanze estive, si può anche parlare di una giornata di ferie passata semplicemente a fare quello di cui si ha voglia. Ogni studente parla con almeno due compagni. Al termine chiedete a qualche corsista le sue opinioni e quelle ascoltate. La classe ha preferenze simili oppure è meglio non proporre mai di trascorrere un fine settimana tutti insieme, magari in Italia?!?

5 Completate.

Procedimento: invitate gli studenti ad osservare la foto. Dove siamo? Che cosa fanno le persone? Chiedete di completare il testo con i verbi indicati.

Soluzione: *mi godo, ci alziamo, si divertono, mi riposo*

Attività supplementare: scrivete in colonna alla lavagna *D'estate io ..., Quest'anno ..., Generalmente ...* Invitate gli studenti a prendere spunto dagli elementi indicati per scrivere un breve testo simile a quello di Angelica Parini sulle loro vacanze.

6 Completate il questionario.

Procedimento: invitate gli studenti a completare il questionario sulle loro abitudini in vacanza.

7 Raccontate.

Procedimento: chiedete agli studenti di lavorare in coppia e di raccontarsi reciprocamente ciò che fanno o che non fanno in vacanza.

Attività supplementare: dividete la classe in due gruppi e consegnate ad ogni corsista una fotocopia del questionario a pagina 92. Gli studenti sono al servizio di un'agenzia di indagini e devono scoprire le abitudini dello «studente tipo» in vacanza. Ognuno intervista una persona dell'altro gruppo rivolgendole i quesiti della fotocopia, ad esempio: *Che tipo di vacanze fa/fai?, Dove si ferma/ti fermi?, Come viaggia/viaggi?, A quali attività si dedica/ti dedichi?* Al termine delle interviste ognuno riferisce i risultati all'interno del proprio gruppo e insieme si cerca di delineare lo «studente-turista» tipo del corso di italiano. Infine ogni gruppo presenta il proprio lavoro.

8 Fate conversazione.
Procedimento: invitate gli studenti a lavorare in piccoli gruppi e a raccontarsi dove e come desiderino trascorrere la prossima vacanza.

B Vorrei un'informazione.

Tema	Feste e date importanti
Lessico	◆ Mesi, stagioni e date ◆ Come chiedere informazioni su feste importanti
Grammatica	◆ La data
Materiale necessario	PUNTO 1 (ATTIVITÀ SUPPLEMENTARE): fogli formato A4, pennarelli colorati e 12 cartellini con i nomi dei mesi PUNTO 3 E PUNTO 4: calendario elaborato durante l'attività B1 PUNTO 4 (ATTIVITÀ SUPPLEMENTARE): alcuni foglietti PUNTO 5 (ATTIVITÀ SUPPLEMENTARE): materiale informativo sulle feste in oggetto estratto dai link di Allegro in Internet o da altre fonti e alcuni fogli formato A4 PUNTO 7 E ATTIVITÀ ALTERNATIVA: schede ritagliate dalla fotocopia di pag. 101

1 Completate.
Procedimento: scrivete grande alla lavagna: *Vivaldi, la pizza*. Chiedete agli studenti cosa associno ai due nomi. *Le quattro stagioni* sarà la risposta istantanea. Se volete continuare a giocare un po', chiedete agli studenti se secondo loro sono più famose *le quattro stagioni* musicali o quelle gastronomiche!!! Scrivete alla lavagna *1, 2, 3, 4*. Se si chiamano *quattro stagioni* è perché sono appunto quattro. Quali? Invitate gli studenti a consultare il libro a pagina 93 e fatevi dire i nomi delle stagioni. Scriveteli sotto i numeri e fate poi scrivere quali mesi compongono le diverse stagioni. Mentre gli studenti inseriscono i mesi negli spazi previsti, fate altrettanto alla lavagna.

➡ Attività supplementare: riunite gli studenti in gruppi, consegnate ad ognuno alcuni fogli formato A4 e dei pennarelli colorati e distribuite fra i diversi gruppi i 12 cartellini con i nomi dei mesi. Chiedete agli studenti di fare su ogni foglio uno schizzo che rappresenti i mesi scritti sui cartellini ricevuti (un mese per foglio), naturalmente senza scrivere di quale si tratta. Il disegno deve contenere qualche particolare che permetta di identificare il mese in questione. Raccogliete tutti i fogli e fate un'esposizione. In plenum ricollegate ogni schizzo ad un mese e scrivetene il nome sul foglio. Rilegate i 12 capolavori e il calendario della classe è fatto. Vi servirà per le attività successive.

Soluzione: *aprile, maggio; giugno, agosto; settembre, ottobre; gennaio febbraio*

2 Ascoltate. →51
Procedimento: invitate gli studenti ad osservare l'illustrazione e chiedete loro quali pensieri e immagini associno alla foto: qualcuno sa dove siamo o forse c'è già stato? Fate ascoltare tre volte il dialogo. Chiedete poi agli studenti di indicarvi con quali mezzi di trasporto si possa raggiungere Ischia e come si svolga la festa di Sant'Anna.

Soluzione: *col traghetto o con l'aliscafo; la festa si svolge sul mare, con tante barche decorate. C'è un premio per la barca più bella e alla fine ci sono i fuochi d'artificio.*

➡ Attività supplementare: scrivete alla lavagna *Che collegamenti ci sono? Quanto tempo impiega?* e il nome della città in cui vi trovate, ad esempio *Stoccarda*. Intorno scrivete a cerchio il nome di altre città quali ad esempio *Berlino, Vienna, Roma, Londra, Stoccolma, Cagliari*. Fate lavorare gli studenti in coppia. Ognuno riflette su tutti i possibili collegamenti per raggiungere le città indicate dal punto di partenza e su quanto tempo si impiega per lo spostamento. Tirate delle righe tra la città al centro e quelle intorno e su queste trascrivete i risultati delle consultazioni fra gli studenti.

3 Osservate.
Procedimento: invitate gli studenti a lavorare individualmente e a riflettere sulle differenze tra il modo di esprimere una data in italiano e in tedesco. Sottolineate il fatto che in italiano le date vengono precedute sempre dall'articolo determinativo e che i numeri utilizzati sono quelli cardinali, fatta eccezione per il primo giorno del mese. Tirate fuori il calendario elaborato durante l'attività del punto B1 o un altro calendario e chiedete a ogni studente il giorno del suo compleanno. Inserite la data sul calendario. Fate notare che in una data il nome del mese è sempre minuscolo.

4 Indicate la data.
Procedimento: chiedete agli studenti di osservare i nomi delle ricorrenze indicate nel libro. Ne conoscono le date? Raccogliete i suggerimenti alla lavagna. Chiedete adesso di aggiungere altri giorni importanti alla lista, per esempio il Natale, la Festa della Mamma o altre ricorrenze importanti per il paese nel quale vi trovate. Inserite tutte le date nel calendario elaborato durante l'attività del punto B1 o in un altro calendario.

Soluzione: *Epifania: 6 gennaio, Festa dei Lavoratori: 1° maggio, San Valentino: 14 febbraio, Ferragosto: 15 agosto, Festa della Donna: 8 marzo, San Silvestro: 31 dicembre*

Attività supplementare: scrivete in alto alla lavagna *Che giorno è?* e sotto alcune date importanti della vostra vita, per esempio il giorno e il mese del vostro compleanno, del vostro arrivo in Germania, dell'anniversario di matrimonio, della nascita di un figlio, della fine degli studi, dell'inizio del primo lavoro ecc. Invitate gli studenti a farvi domande per scoprire di quale ricorrenza importante della vostra vita si tratta. Distribuite a ogni studente un foglietto e chiedete di scriverci alcune date importanti, indicando giorno e mese come avete fatto voi alla lavagna. Ogni corsista scambia il proprio foglietto con il vicino di banco. Gli studenti lavorano in coppia e si fanno reciprocamente domande al fine di scoprire a cosa si riferiscono le date scritte sul foglietto.

5 Ascoltate e completate. → 52, 53, 54, 55, 56

Procedimento: fate ascoltare la registrazione un paio di volte invitando gli studenti a concentrarsi sulle date di ogni manifestazione al fine di inserirle negli appositi spazi. Inserite le date nel calendario elaborato precedentemente.

Attenzione! Sulla pagina ci sono sei immagini mentre i dialoghi sono cinque perché in uno si parla di due manifestazioni.

Trascrizione dei dialoghi:

1. ● Quand'è la Festa di Sant'Anna a Jelsi?
   ○ Il ventisei luglio.
2. ● Vorrei vedere la Regata Storica a Venezia, mi sa dire precisamente quand'è?
   ○ Sì, certo, la prima domenica di settembre.
3. ● Ho sentito che qui negli Abruzzi c'è una festa con dei serpenti. Ma è vero?
   ○ Sì, la festa di San Domenico a Cocullo, con la processione dei serpari.
   ● E quando la fanno?
   ○ Il primo giovedì di maggio.
4. ● E allora, quando mi vieni a trovare qui ad Assisi?
   ○ Mi piacerebbe venire quando c'è la festa del Calendimaggio.
   ● Ah ma allora devi cominciare ad organizzarti, la festa è il primo fine settimana di maggio, eh, tra quindici giorni.
   ○ Eh no, il primo fine settimana di maggio ho già un impegno con i miei ...
   ● Però puoi venire in occasione della Festa dei Ceri a Gubbio. Gubbio non è lontano, eh, da qui ci possiamo andare facilmente.
   ○ E quando è la Festa dei Ceri?
   ● È il 15 maggio.
   ○ Eh, allora sì, forse il 15 maggio sarà possibile.
5. ● Senta, ma è vero che il Palio di Siena c'è due volte all'anno?
   ○ Sì, il due luglio e il sedici agosto.

Soluzione: *St. Anna: 26 luglio, Regata Storica: prima domenica di settembre, Processione dei serpari: primo giovedì di maggio, Calendimaggio: primo fine settimana di maggio, Festa dei Ceri: 15 maggio, Palio di Siena: 2 luglio e 16 agosto*

Attività supplementare: a questo punto compare il mouse ad indicare la presenza di alcuni link in Internet contenenti informazioni sulle feste a cui si riferiscono le foto. Se ne avete la possibilità in termini di tempo e mezzi collegatevi al sito della Casa Editrice Klett, ricercate il materiale relativo a tali feste e stampate le pagine che ritenete più interessanti. Per una volta è importante che siate voi a ricercare e a portare tali informazioni in classe in quanto ciò potrebbe motivare ulteriormente a utilizzare il servizio offerto per *Allegro* in Internet. Soprattutto per coloro che normalmente non lo fanno e che non amano il computer! Dividete la classe in sei gruppi e affidate ad ognuno il materiale trovato in Internet relativo ad una festa. Consegnate il foglio formato A4 ripiegato a mo' di dépliant. Chiedete agli studenti di estrarre e mettere in ordine le informazioni più importanti al fine di creare il pieghevole della manifestazione.

6 Prendete appunti.

Procedimento: invitate gli studenti a rileggere il dialogo a pagina 93 e ad annotare negli appositi spazi le frasi utilizzate per chiedere informazioni. Sulla base dei dépliant elaborati nella precedente attività supplementare o semplicemente ascoltando nuovamente la registrazione del punto B5, fate fare in coppia delle brevi conversazioni in cui si chiedono informazioni sulle feste delle illustrazioni.

Soluzione: *Senta, vorrei un'informazione ..., Quando è?, Che cosa c'è da vedere?, Che collegamenti ci sono?, Può prenotare una camera in una pensione non troppo cara?*

7 Chiedete informazioni.

Procedimento: a questo punto gli studenti vorranno sapere qualcosa di più sulle feste di cui si è parlato, soprattutto se non è stata fatta ancora nessuna ricerca in Internet. Fate conto di essere l'impiegato di un'agenzia turistica ed invitate gli studenti a farvi alcune domande, come suggerito dall'indicazione del libro. Le brevi schede a pag. 101 vi saranno di aiuto.

Attività alternativa: fotocopiate la pagina 101 e ritagliate le sei schede. Dividete la classe in due gruppi e consegnate tre schede ad ognuno. Ogni gruppo ha quindi informazioni su tre delle sei feste. Invitate gli studenti a farsi reciprocamente delle domande sulle feste di cui non hanno le schede informative.

8 Lavorate in coppia.
Procedimento: chiedete agli studenti di indicarvi qualche festa, avvenimento o manifestazione a cui hanno preso parte durante una vacanza, ad esempio la Maratona di New York, la festa della birra a Monaco o un party di Halloween a Londra. Invitate i corsisti a lavorare in coppia e a raccontarsi reciprocamente tutto quello che ricordano di quel giorno.

C Una vacanza diversa

Tema	Vacanze in città e regioni italiane
Lessico	◆ Richiedere informazioni su attrezzature e servizi turistici ◆ Raccontare brevemente una vacanza
Grammatica	◆ Gli avverbi in *-mente*
Materiale necessario	PUNTO 2: qualche cartolina di luoghi turistici o altre illustrazioni del genere tratte da giornali o da Internet PUNTO 2: cartoline o illustrazioni di luoghi di vacanze in Italia PUNTO 2 (ATTIVITÀ SUPPLEMENTARE): alcuni fogli formato A4 PUNTO 3 (DADO): alcune fotocopie della pagina 102

➡ **Attività introduttiva:** scrivete grande alla lavagna *Trentino Alto Adige*. Chiedete agli studenti di dirvi tutto quello che sanno a proposito di questa regione, ad esempio le città, le caratteristiche geografiche, la sua collocazione, i collegamenti per raggiungerla e il tempo che si impiega. Qualcuno c'è già stato? Dove? Cosa ricorda?

1 Leggete.
Procedimento: invitate i corsisti ad osservare la foto. Di cosa si tratta? Gli piacerebbe trascorrere le vacanze in un luogo del genere? Qualcuno è mai stato in un agriturismo? Lasciate agli studenti il tempo per leggere individualmente il testo riguardante la richiesta di informazioni sul *maso* situato nel Trentino.

i Da alcuni anni in Italia i centri agrituristici hanno un grandissimo successo. Si trovano in campagna e si tratta spesso di vecchi casolari di contadini, ➔ ristrutturati in stile tendenzialmente rustico e trasformati in alberghi con camere, o più spesso in residence con più appartamenti. All'interno ci sono diverse attrezzature come piscina, campi da tennis e ristorante. In alcuni è possibile partecipare ai lavori della campagna legati alla produzione di alimenti quali olio, vino, salumi e formaggi o almeno raccogliere gli ortaggi che poi saranno utilizzati per il menu del giorno. In particolare il maso è un'azienda agricola a conduzione familiare che comprende la casa d'abitazione, i terreni circostanti e le attrezzature tecniche per la lavorazione. Tipico delle regioni altoatesine e generalmente tirolesi era il cosiddetto maso chiuso, cioè indivisibile per legge e assegnabile ad un unico erede.

2 Scrivete.
Procedimento: disponete sulla cattedra alcune cartoline o altre illustrazioni relative a luoghi di vacanze in Italia. Invitate gli studenti ad alzarsi, a scegliere qualcosa che potrebbe interessarli per la prossima villeggiatura e a scrivere una breve richiesta di materiale informativo all'Azienda di Promozione Turistica (APT) della regione in questione.

➡ **Attività supplementare:** chiedete agli studenti quali sono le regioni italiane che conoscono meglio. Scrivetene i nomi alla lavagna. Riunite gli studenti in gruppi e consegnate ad ogni gruppo un foglio formato A4. Discutendo insieme gli studenti si scambiano le informazioni che hanno a proposito della regione scelta e le ordinano sul foglio a mo' di scheda della regione. Raccogliete quindi tutti i fogli e fatene un'esposizione alla lavagna. Quali regioni risultano meno conosciute? Invitate gli studenti a cercare maggiori informazioni in Internet al link relativo.

3 Completate.
Procedimento: gli studenti lavorano individualmente e completano lo specchietto con gli avverbi mancanti deducendoli dal testo del punto C1. Osservate le frasi indicate nella parte destra dello specchietto e invitate gli studenti a riflettere sulla differenza di significato delle parole in neretto. Aiutateli chiedendo loro a cosa si riferisce *gratuitamente* (al verbo *inviare*) e a cosa *gratuito* (ad *opuscolo*). Sottolineate il fatto che molti aggettivi come ad esempio *gratuito* prendono il suffisso *-mente* quando si riferiscono ad un verbo e si trasformano quindi in un avverbio.

Soluzione: *gratuitamente, semplicemente*

Dado: dividete la classe in tre o quattro gruppi e distribuite a ogni studente le fotocopie della pagina 102. L'attività è suddivisa in due parti. Durante la prima il gruppo trasforma in avverbi gli aggettivi contenuti nei cerchi e associa ad ogni cerchio una delle quattro frasi sottostanti per la quale tutti e tre gli avverbi sono adatti.

La seconda parte è a tempo: in un massimo di tre o quattro minuti ogni gruppo pensa alla maggior quantità di avverbi che possono essere utilizzati nelle due frasi in fondo alla pagina e li scrive alla rinfusa sul foglio. Raccogliete i fogli e controllate i risultati in plenum.

Soluzione: (PARTE 1) *Il prodotto è fabbricato artigianalmente/industrialmente/naturalmente. Luca studia raramente/svogliatamente/regolarmente. È un'abitudine tipicamente/assolutamente/esclusivamente italiana. La signora ha risposto gentilmente/sgarbatamente/immediatamente.*
(PARTE 2, ALCUNI ESEMPI): *Gianni ha completamente/assolutamente/sicuramente/decisamente ... sbagliato.*
Laura è particolarmente/normalmente/generalmente/stranamente/affettuosamente ... disponibile.

4 Leggete e completate.
Procedimento: invitate gli studenti a leggere la cartolina e a completarla con gli avverbi elencati.

Soluzione: *finalmente, naturalmente, particolarmente, esattamente, affettuosamente, completamente*

D C'è un sole stupendo.

Tema	Le vacanze e il tempo atmosferico
Lessico	◆ Il tempo atmosferico
Grammatica	◆ Particelle temporali *fa, da, fra*
Materiale necessario	PUNTO 2 (ATTIVITÀ SUPPLEMENTARE): alcune fotocopie della tabella indicata PUNTO 4: alcuni fogli formato A4 ritagliati in quattro parti PUNTO 6: alcuni fogli formato A4 ritagliati in 2 parti e pennarelli colorati

1 Ascoltate. → 57
Procedimento: formate delle coppie e invitate gli studenti ad osservare la cartina. Tra tutti i luoghi indicati ogni coppia di studenti può visitarne solo due. Quali sceglierebbe? Ascoltate le preferenze dei corsisti. Fate ascoltare il dialogo tre volte e invitateli a concentrarsi sulla situazione atmosferica a Positano.

Soluzione: *C'è un sole stupendo e fa proprio caldo.*

2 Leggete e completate.
Procedimento: fate completare gli spazi con le frasi adatte a descrivere le illustrazioni, deducendo le espressioni dal dialogo. Invitate quindi gli studenti a parlare, a coppie o in piccoli gruppi, del tempo che fa al momento e del tempo che preferiscono, motivando le loro preferenze. Alla fine potete portare brevemente la discussione in plenum.
Soluzione: *Piove. Fa caldo.*

➡ Attività supplementare: disegnate su un foglio una tabella con tre colonne: *Ricorrenze e feste, Avverbi, Tempo meteorologico*. Sotto la prima colonna scrivete: *Per Natale ..., Per la Festa della Donna ..., Per Ferragosto ..., Per San Valentino ..., Per la festa di ..., Per il mio compleanno ...* Sotto la colonna degli avverbi invece scrivete: *generalmente in Europa, normalmente qui, raramente qui*. La terza colonna verrà completata dagli studenti. Intitolate la pagina *Di tutto un po'*, fotocopiatela e distribuitela alla classe. Riunite adesso gli studenti in gruppi e lasciateli discutere sul tempo meteorologico per le ricorrenze e feste elencate, indicando la situazione generale in Europa e quella normale e straordinaria della loro regione.

3 Raccontate.
Procedimento: gli studenti lavorano in gruppi e si domandano reciprocamente cosa fanno in vacanza abitualmente quando il tempo è brutto.

4 Completate.
Procedimento: invitate gli studenti a lavorare individualmente e a completare le frasi con le particelle temporali dedotte dal dialogo. Fateli poi riflettere sulla traduzione di queste particelle in tedesco. Successivamente scrivete alla lavagna *Sono tornato dalle vacanze ..., Parto per le vacanze ..., Ho cominciato a studiare l'italiano ...* Consegnate i foglietti e invitate gli studenti a scrivere le informazioni per completare le frasi scritte alla lavagna relativamente a se stessi, ad esempio nell'ordine: *un mese fa, tra sei mesi, da un anno*. Raccogliete i foglietti, mischiateli e ridistribuitene uno per studente. Fate venire gli studenti al centro della classe e date il via alle ricerche. I corsisti si domandano reciprocamente quando sono tornati dalle vacanze, quando partono per le vacanze e quando hanno cominciato a studiare l'italiano fino a che non hanno trovato l'autore del foglietto in loro possesso.

Soluzione: *fa, da, fra; vor, seit, in*

5 Lavorate in coppia.
Procedimento: invitate gli studenti a completare individualmente il calendario di viaggio riprodotto sulla pagina con informazioni relative al giorno di arrivo e partenza, a quello che si è già fatto e che si ha ancora intenzione di fare. Adesso fate lavorare gli

studenti a coppie: è l'otto agosto e loro sono turisti che parlano insieme della loro vacanza. Le domande dell'esempio offrono uno spunto per una breve conversazione.

6 Scrivete.

Procedimento: distribuite una metà di un foglio formato A4 ad ogni studente e un po' di pennarelli colorati. Il foglio deve essere trasformato in una cartolina. Ognuno pensa alla città o al luogo dove ha trascorso l'ultima vacanza, ne fa uno schizzo e, immaginandosi di essere di nuovo là, scrive una cartolina ad un altro corsista. Accordatevi su chi scrive a chi per evitare che qualcuno riceva cinque cartoline e qualcun altro nessuna. Improvvisatevi postino e consegnate le cartoline ai destinatari!

Ascolto

Tema	Una canzone sulle vacanze e sull'amore
Materiale necessario	PUNTO 3: alcuni fogli A4 tagliati a metà

1 Ascoltate e prendete appunti. → 58

Procedimento: quanti studenti conoscono la canzone *Sapore di sale*? Si tratta di una canzone famosissima di Gino Paoli degli anni '60 che tutti, indipendentemente dalla generazione o dal luogo di provenienza, conoscono. Fatela ascoltare un paio di volte invitando gli studenti a concentrarsi sulle parole che capiscono e a scriverle su un foglietto. Alla fine si fa un confronto col vicino.

Trascrizione del testo: Sapore di sale/sapore di mare/che hai sulla pelle/che hai sulle labbra/quando esci dall'acqua/e ti vieni a sdraiare/vicino a me vicino a me // Sapore di sale/sapore di mare/un gusto un po' amaro/di cose perdute/di cose lasciate/lontano da noi/dove il mondo è diverso/diverso da qui // Qui il tempo è dei giorni/che passano pigri/e lasciano in bocca/il gusto del sale/ti butti nell'acqua/e mi lasci a guardarti/e rimango da solo/nella sabbia e nel sole // Poi torni vicino/e ti lasci cadere/così nella sabbia/e nelle mie braccia/e mentre ti bacio/sapore di sale/sapore di mare/sapore di te

2 Ascoltate e mettete una crocetta. → 58

Procedimento: fate ascoltare la canzone ancora una volta e chiedete ai corsisti di mettere una crocetta sulle affermazioni corrispondenti all'argomento della canzone.

Soluzione: *al mare, d'estate, di una coppia innamorata*

3 Ascoltate e completate. → 59

Procedimento: fate ascoltare un paio di volte il ritornello affinché gli studenti possano completarlo con le parole mancanti. Adesso distribuite dei foglietti e invitate gli studenti a pensare alle loro vacanze, quindi fate completare il ritornello di destra con le parole che ognuno associa alle proprie vacanze. Potete poi raccogliere i foglietti ed esporli su un tavolo o attaccarli alla lavagna perché tutti possano leggerli. Se volete potete aggiungere all'esposizione anche il foglietto delle vostre vacanze!

Soluzione: *sale, mare, un po' amaro, perdute*

Attività possibili con una canzone: le canzoni sono uno splendido strumento di apprendimento, utilissimo sul piano del lessico e della pronuncia. Ce ne sono per tutti i livelli di difficoltà, possono essere selezionate per interessi, argomenti, contenuti grammaticali e i testi sono facilmente reperibili in Internet o direttamente sui CD. Le attività che si possono svolgere con una canzone sono numerose, ma soprattutto ce n'è una che non andrebbe dimenticata: cantate, cantate, cantate.

Qui di seguito trovate qualche proposta che potete provare con questa stessa canzone o con qualunque altra in qualunque momento del corso:

- Fotocopiate il testo, cancellate alcune parole (in modo mirato ai fini dell'apprendimento del lessico o di determinate strutture grammaticali) e sostituitele con dei puntini. Fotocopiate di nuovo e distribuitene una copia per studente. Fate ascoltare più volte la canzone e fate completare il testo.
- Fotocopiate più volte il testo, ritagliatelo a strisce che contengano almeno una frase per intero e distribuite una striscia per studente. Fate venire gli studenti al centro della classe e invitateli a mettersi in fila indiana, a seconda del momento in cui la striscia in loro possesso viene cantata, oppure a ricostruire il testo mettendo su un tavolo le strisce nella sequenza giusta.
- Preparate un foglio con la scheda della canzone da riempire con le informazioni più importanti, ad esempio *titolo, autore, anno, argomento, protagonisti, parole ricorrenti, presenza o meno di rime e ritornelli, giudizio personale*. Fotocopiate la scheda e distribuitela agli studenti. Lavorando in gruppo si cerca di completare la scheda. Eventualmente le informazioni mancanti possono essere ricercate anche al di fuori della classe e se ne parla ancora durante l'incontro successivo.
- Utilizzate la canzone come test di ascolto. Preparate una lista di domande relative al testo e fate ascoltare più volte la canzone per rispondere alle domande.
- Se piacciono a voi e alla classe, fate delle canzoni un'abitudine. Magari lasciate che siano gli studenti a proporre dei titoli e a portare CD in classe

e incaricate ogni volta un responsabile che si occupi del prossimo appuntamento musicale!

Si dice così.

Obiettivo	Al termine di quest'attività gli studenti avranno uno schema chiaro delle strutture comunicative incontrate durante l'undicesima lezione.
Materiale necessario	Alcuni fogli A4 divisi a metà, possibilmente più rigidi del normale

Procedimento: scrivete alla lavagna le seguenti categorie: *Raccontare quello che si fa volentieri, Raccontare quello che si fa malvolentiei, Informarsi sulle offerte turistiche, Parlare del tempo, Raccontare una giornata tipo in vacanza.* Distribuite agli studenti tante metà dei fogli A4 quante sono le categorie (5), chiedendo di scriverne una su ogni foglio. Lasciate agli studenti cinque minuti per scrivere tutte le frasi che conoscono, adatte ad esprimersi nelle situazioni indicate. Passati i cinque minuti i corsisti confrontano i loro foglietti con quelli del vicino ed eventualmente aggiungono ciò di cui non si erano ricordati. Terminata la consultazione si fa un riscontro in plenum durante il quale gli studenti dicono a voce alta ciò che hanno scritto mentre l'insegnante annota le frasi alla lavagna nella categoria corrispondente. Infine si confronta il risultato complessivo con lo schema offerto dal libro.

L'archivio mobile: consigliate agli studenti di inserire i fogli nel loro archivio mobile.

Ricapitoliamo!

Procedimento: gli studenti lavorano in gruppi di tre. Il desiderio comune è quello di trascorrere una vacanza in Italia. È necessario decidere insieme un periodo, la durata, la meta del viaggio, il mezzo di trasporto, ciò che si vuole fare e ciò che invece non è interessante e può essere trascurato. Dopo essersi messi d'accordo i corsisti completano la scheda del viaggio e ne illustrano gli aspetti più importanti al resto della classe. Per rendere interessante quest'attività invitate gli studenti a ricercare più materiale possibile, in Internet o altrove, e a portarlo in classe. In alternativa potete portare voi il materiale a vostra disposizione o che avrete trovato in rete.

GIOCO

Materiale necessario	Alcune fotocopie della pagina 103

Procedimento: consegnate ad ogni studente una fotocopia della pagina 103 e date sei o sette minuti di tempo per leggere con attenzione e fissare nella mente le informazioni contenute nelle schede delle regioni. Ritirate i fogli. Adesso comincia il gioco a quiz! Formate due gruppi e fate tirare una moneta per stabilire quale gruppo ha diritto ad iniziare. Formulate le domande secondo il modello proposto di seguito. Lasciate a ogni gruppo sette/otto secondi di tempo per consultarsi e far dire la risposta al capitano. Rivolgete dieci domande per gruppo, se uno sbaglia l'altro ha diritto di rispondere. Segnate il punteggio alla lavagna e ... vinca il migliore!

Esempi di domande: *Il capoluogo di ... Una manifestazione in ... Da vedere in ... Un piatto tipico di ...*

Grammatica

Materiale necessario	Fotocopie della pagina 104

Procedimento: distribuite le fotocopie agli studenti e chiedete di completarle con gli elementi grammaticali mancanti. Al termine fate confrontare il risultato con gli schemi forniti dalla grammatica di fine lezione. Invitate gli studenti a leggere individualmente quanto spiegato a pagina 99 e a porre eventuali domande. Lasciate loro il tempo per concentrarsi su questa lettura in classe.

L'archivio mobile: consigliate agli studenti di inserire la fotocopia nel loro archivio mobile.

Festa di Sant'Anna

Dov'è: a Jelsi, nel Molise, in provincia di Campobasso.
Quando è: il 26 luglio, giorno di Sant'Anna.
Come ci si arriva: in treno fino a Campobasso e poi in corriera, oppure in automobile.
Di cosa si tratta: per il paese sfilano i carri che trasportano un carico di grano, delle sculture fatte con spighe di frumento e un'immagine di Sant'Anna. Alla fine si premia il carro più originale. La festa è nata per ringraziare la santa della sua protezione durante un forte terremoto nel 1805.

Processione dei serpari

Dov'è: a Cocullo, in Abruzzo (provincia di L'Aquila).
Quando è: il primo giovedì di maggio.
Come ci si arriva: in treno o in macchina (stazione e autostrada sono vicinissimi).
Di cosa si tratta: è una processione in onore di San Domenico abate, che protegge dal morso dei serpenti, dagli incontri coi lupi e dal mal di denti. La statua del santo è coperta di serpenti vivi. Alla fine i serpenti vengono liberati nei campi.

Regata Storica

Dov'è: a Venezia.
Quando è: la prima domenica di settembre.
Come ci si arriva: in aereo, in treno o in macchina. Per le macchine c'è un grande parcheggio in Piazzale Roma.
Di cosa si tratta: ci sono varie gare alle quali partecipano diversi tipi di barche, tutte di carattere storico. All'inizio c'è un corteo sul Canal Grande, aperto dal bucintoro (la nave del doge) e da gondole piene di persone in abiti d'epoca. Con la Regata Storica si ricorda l'arrivo nel 1489 a Venezia di Caterina Cornaro, una nobile veneziana diventata regina di Cipro per aver sposato re Giacomo II.

Calendimaggio

Dov'è: ad Assisi, in Umbria (provincia di Perugia).
Quando è: dal giovedì al sabato della prima settimana di maggio.
Come ci si arriva: in treno oppure in macchina.
Di cosa si tratta: si festeggia, secondo una tradizione medievale, il ritorno della primavera. La popolazione si divide in due parti, la Parte di sotto e la Parte di sopra, e si sfida in gare, giochi, sfilate e scene di vita medievale. Importanti per la vittoria sono la bravura dei cori, l'originalità delle musiche suonate con strumenti d'epoca, la bellezza dei costumi e l'ambientazione storica delle scene. Il sabato si dichiara la parte vincitrice che poi festeggia nelle taverne fino a tarda notte.

Festa dei Ceri

Dov'è: a Gubbio, in Umbria (provincia di Perugia).
Quando è: il 15 maggio.
Come ci si arriva: in macchina oppure in treno fino a Perugia, da lì in corriera.
Di cosa si tratta: è una festa in onore dei santi patroni. I Ceri sono pesanti colonne a forma di prisma fissate su delle assi per il trasporto. In cima ai Ceri ci sono le statue dei tre patroni, S. Ubaldo, S. Giorgio e S. Antonio. Tre squadre di dieci persone ciascuna li portano correndo alla basilica sul monte Igino, ma non è una vera gara perché il Cero di S. Ubaldo arriva sempre per primo.
È invece importante mantenere i Ceri diritti.
Al ritorno dal monte la festa continua nei bar.

Il Palio

Dov'è: a Siena.
Quando è: il 2 luglio e il 16 agosto.
Come ci si arriva: in macchina o in treno.
Di cosa si tratta: è una gara alla quale partecipano i cavalli di dieci delle 17 contrade in cui è divisa la città. Si tratta di compiere tre giri intorno alla bellissima Piazza del Campo e il cavallo vincitore ottiene per la sua contrada il palio, che è una stoffa preziosa di seta ricamata. Dopo la gara gli abitanti della contrada (detti contradaioli) vincitrice festeggiano ancora per alcuni giorni e anche il cavallo partecipa ai festeggiamenti. Il Palio di Siena è l'unica festa tradizionale italiana con una storia continua dal Trecento fino ad oggi.

Prima parte

....

.... regolare raro svogliato ....

....

....

.... gentile sgarbato immediato ....

....

....

.... tipico assoluto esclusivo ....

....

....

.... artigianale industriale naturale ....

....

Il prodotto è fabbricato ...
È un'abitudine ... italiana.

Luca studia ...
La signora ha risposto ...

Seconda parte

1. Gianni ha ... sbagliato.

2. Laura è ... disponibile.

Abruzzo **Capoluogo:** L'Aquila **Una manifestazione importante:** Teatro internazionale dei burattini **Da vedere:** Chiesa di S. Bernardino (AQ) **Un piatto tipico:** Maccheroni alla chitarra	*Basilicata* **Capoluogo:** Potenza **Una manifestazione importante:** Presepio vivente ai Sassi **Da vedere:** Sassi di Matera **Un piatto tipico:** Pasta e fagioli bianchi	*Calabria* **Capoluogo:** Catanzaro **Una manifestazione importante:** Primavera reggina (RC) **Da vedere:** Bronzi di Riace (RC) **Un piatto tipico:** Zuppa di cipolle e pane	*Campania* **Capoluogo:** Napoli **Una manifestazione importante:** Festa di S. Gennaro **Da vedere:** Reggia di Caserta **Un piatto tipico:** Pizza napoletana
Emilia Romagna **Capoluogo:** Bologna **Una manifestazione importante:** Palio di Ferrara **Da vedere:** San Vitale (RA) **Un piatto tipico:** Tortellini bolognesi	*Friuli Venezia Giulia* **Capoluogo:** Trieste **Una manifestazione importante:** Carnevale a Resia (UD) **Da vedere:** Castello di Trieste **Un piatto tipico:** Focaccia pasquale	*Lazio* **Capoluogo:** Roma **Una manifestazione importante:** Festa di San Giovanni (RM) **Da vedere:** Musei e Gallerie del Vaticano **Un piatto tipico:** Saltimbocca alla romana	*Liguria* **Capoluogo:** Genova **Una manifestazione importante:** Regata delle antiche repubbliche marinare **Da vedere:** Acquario (GE) **Un piatto tipico:** Trenette al pesto
Lombardia **Capoluogo:** Milano **Una manifestazione importante:** Festa di S. Ambrogio **Da vedere:** Castello Sforzesco (MI) **Un piatto tipico:** Risotto alla milanese	*Marche* **Capoluogo:** Ancona **Una manifestazione importante:** Rossini, opera festival **Da vedere:** Palazzo Ducale di Urbino **Un piatto tipico:** Olive all'ascolana	*Molise* **Capoluogo:** Campobasso **Una manifestazione importante:** Mostra dell'artigianato (IS) **Da vedere:** Rovine di Saepinum **Un piatto tipico:** Cozze ripiene	*Piemonte* **Capoluogo:** Torino **Una manifestazione importante:** Salone dell'auto (TO) **Da vedere:** Museo Egizio **Un piatto tipico:** Panna cotta
Puglia **Capoluogo:** Bari **Una manifestazione importante:** Sagra di San Nicola (FO) **Da vedere:** Trulli di Alberobello (BA) **Un piatto tipico:** Orecchiette con la ricotta	*Sardegna* **Capoluogo:** Cagliari **Una manifestazione importante:** Cavalcata sarda **Da vedere:** Anfiteatro romano (CA) **Un piatto tipico:** Agnello in salsa bianca	*Sicilia* **Capoluogo:** Palermo **Una manifestazione importante:** Festa di Santa Rosalia (PA) **Da vedere:** Valle dei Templi (AG) **Un piatto tipico:** Cassata siciliana	*Toscana* **Capoluogo:** Firenze **Una manifestazione importante:** Carnevale di Viareggio (LU) **Da vedere:** Piazza dei miracoli (PI) **Un piatto tipico:** Bistecca alla fiorentina
Trentino Alto Adige **Capoluogo:** Trento **Una manifestazione importante:** Festa dei fiori (BZ) **Da vedere:** Dolomiti **Un piatto tipico:** Insalata con speck	*Umbria* **Capoluogo:** Perugia **Una manifestazione importante:** Umbria jazz **Da vedere:** Duomo di Orvieto (TR) **Un piatto tipico:** Carciofi ripieni	*Valle d'Aosta* **Capoluogo:** Aosta **Una manifestazione importante:** La bataille des Reines a Croix Noire (AO) **Da vedere:** Arco di Augusto (AO) **Un piatto tipico:** Fonduta valdostana	*Veneto* **Capoluogo:** Venezia **Una manifestazione importante:** Biennale d'arte (VE) **Da vedere:** Arena di Verona **Un piatto tipico:** Risi e bisi

sul, in, nel, a	
Quest'anno andiamo ...	.... Italia. .... Umbria. .... Sicilia.
Vorrei andare ...	.... Veneto. .... Marche. .... Alpi.
Siete già stati ...	.... Venezia? .... Capri? .... Lago di Como?
Passiamo le vacanze ...	.... Lago di Garda? .... Dolomiti?

Verbi riflessivi	
io	...... diverto
......	ti diverti
lui, lei, Lei	si ....
noi	...... divertiamo
voi	...... divertite
loro	....

Doppia negazione
Oggi .... faccio .... di speciale.
Mio marito .... viene .... con me.

Particelle temporali
Piove ...... due giorni.
Torniamo ...... una settimana.
Siamo arrivati tre giorni ......

LEZIONE 12 *Ripasso*

A Parlare, parlare ...

Tema	La conversazione
Materiale necessario	PUNTO 4: alcuni fogli formato A4

Attività introduttiva: scrivete alla lavagna una o più frasi in tedesco, sbagliate e sgrammaticate ma fondamentalmente comprensibili, ad esempio: *Meine Urlaub am Meer war schon und ich habe gehabt sehr viele Spas.* Chiedete agli studenti se il significato delle frasi sia chiaro o meno. Chiedetegli di immaginarsi di essere in un bar e di parlare con una persona di un'altra nazionalità che racconta cose interessanti, ma in un linguaggio un po' frammentato, quanto le frasi alla lavagna. Quanta influenza ha la mancata perfezione dell'espressione linguistica sull'intenzione di comunicare e raccontare? Quanto li disturba un eventuale errore dell'interlocutore? È un elemento negativo o può essere anche fonte di divertimento e maggior interesse? Abbasso dunque il panico da errori. L'importante è parlare. Basta utilizzare frasi brevi, evitare le costruzioni complicate e cercare di esprimersi con le espressioni di cui si dispone, senza lanciarsi in dantesche acrobazie e i messaggi passano più facilmente di quanto si pensi. Anche perché gli italiani sono in genere molto comunicativi, apertissimi agli stranieri che parlano la loro lingua e pronti a fare di tutto pur di mantenere viva la conversazione.

1 Piano, per favore!

Procedimento: fate scrivere agli studenti una frase in tedesco piuttosto lunga e complessa. L'argomento non importa. Adesso fate leggere ad ognuno la frase al massimo della velocità possibile. Dopo che ogni corsista ha letto la frase chiedete agli altri cosa hanno capito e soprattutto se hanno capito tutto, ogni singola parola. Pronunciate voi una frase a velocità sostenuta, tipo *Il tempo a Roma è stato sempre brutto, ha piovuto sempre e non abbiamo visto molte cose.* Probabilmente gli studenti non capiranno molto. Ripetete la frase lentamente e scandendo bene le parole. Di sicuro il livello di comprensione salirà moltissimo. Fate riflettere gli studenti: perché perdersi una frase per evitare di chiedere di ripetere lentamente? Incoraggiateli a interrompere l'interlocutore quando non capiscono qualcosa. Cosa si può dire in tale situazione? Invitate gli studenti ad annotare le frasi utili negli appositi spazi.

Soluzione: *(proposta) Non ho capito bene. Può ripetere, per favore? Può parlare più lentamente?*

2 Ditelo con altre parole.

Procedimento: scrivete grande alla lavagna in tedesco *Zum Trinken braucht man ..., Zum Schreiben braucht man ...* Fatevi suggerire il nome degli oggetti che si utilizzano per scrivere o per bere. Naturalmente in tedesco. Chiedetegli di immaginare una conversazione con uno straniero che improvvisamente non si ricorda come si dice *Kugelschreiber.* Nessuno capirebbe se la persona si limitasse a dire che le serve un ... e si fermasse. Tutti però si immaginerebbero di cosa ha bisogno se pronunciasse una frase tipo quelle scritte alla lavagna. Incoraggiate gli studenti a non bloccarsi davanti agli ostacoli ma ad aggirarli: se mentre si sta dicendo qualcosa manca una parola, non è grave, ci si può spiegare in altri modi. Invitateli adesso a completare le frasi del libro e a individuare le parole a cui si riferiscono.

Soluzione: *panetteria; scrivere, penna; verdura, melanzana*

3 In poche parole

Procedimento: è passato del tempo dal primo incontro. Ormai il livello di comprensione rispetto a diverse espressioni in lingua italiana è cresciuto notevolmente. Naturalmente è ancora un po' difficile costruire delle frasi molto lunghe, ma non importa. In tedesco tutti possono muoversi con grande libertà. In italiano bisogna usare le risorse a propria disposizione. Il segreto è tutto lì. Invitate gli studenti ad osservare il testo in tedesco e a tentare di raccontare la stessa cosa con brevi frasi in italiano scrivendole negli spazi vuoti.

4 Improvvisate!

Procedimento: la vita quotidiana è fatta di mille situazioni improvvise, che arrivano inaspettate e richiedono una reazione immediata. Dividete la classe in piccoli gruppi e consegnate ad ognuno un foglio formato A4. Ispirandosi alle proposte fornite dal libro, ogni gruppo immagina una classica situazione della vita di tutti i giorni, in cui siano coinvolte più persone, e ne scrive le note di regia, come se si volesse farne un film. Fate scambiare i fogli e lasciate un paio di minuti per leggerne il contenuto, dividersi i ruoli e mettersi d'accordo. Invitate la classe a lasciarsi andare all'improvvisazione ... e godetevi la messa in scena di tanti piccoli episodi della vita quotidiana!

B Vacanze in Italia

Tema	Un viaggio attraverso l'Italia
Materiale necessario	Un dado e alcune pedine (anche delle monetine)

1 Buon viaggio e buon divertimento!

Procedimento: si gioca in piccoli gruppi di 3 o 4 persone. Per ogni gruppo è necessario un dado e tante pedine quanti sono i giocatori. Si gioca in senso orario, cominciando dalla casella *Partenza* (nel Trentino Alto Adige). Ogni partecipante si muove secondo quanto indicato dal dado svolgendo di volta in volta i compiti suggeriti. I compiti sono da svolgersi rivolgendosi sempre al compagno di sinistra. Ai fini del gioco quest'ultimo non deve necessariamente rispondere, però, se lo fa, utilizza un'occasione in più di esercitare la lingua parlata. Il giocatore può rimanere sulla casella conquistata se il gruppo è soddisfatto dello svolgimento del compito, altrimenti deve ritornare dove si trovava precedentemente. Vince chi per primo raggiunge l'*Arrivo* (in Val d'Aosta) ottenendo dal lancio del dado il numero esatto per arrivarci. Se il numero ottenuto nell'ultimo lancio non è quello giusto lo studente deve invece indietreggiare di una casella. Buon viaggio e buon divertimento!

i

La *bora* è un vento molto freddo e con forti raffiche, tipico della zona di Trieste. Soffia verso l'Adriatico dall'Europa continentale e può raggiungere i 145 km/h.

Tèrmoli è una cittadina di mare in provincia di Campobasso. Originariamente un porto peschereccio, è oggi aperta al turismo.

I *Sassi di Matera*, città della Basilicata, sono antichissime abitazioni scavate nei fianchi di una gravina (cava di tufo). Abitate fino a relativamente pochi anni fa, sono oggi visitabili come museo.

Tropea, sulla costa tirrenica della Calabria, in provincia di Vibo Valentia, si affaccia su un mare fra i più belli d'Italia. D'estate il clima favorevole promette quattro mesi di bel tempo quasi ininterrotto.

La piazza che porta il nome di *Campo de' Fiori* è situata nel centro storico di Roma. Tutti i giorni, tranne la domenica, vi si tiene un famoso e vivace mercato. Nel passato era anche il luogo delle esecuzioni capitali (il 17 febbraio 1600 vi fu messo al rogo Giordano Bruno). ➔

Il *lago Trasimeno*, in Umbria, è il più vasto dell'Italia peninsulare. Una sua caratteristica è di essere assai poco profondo (massimo 6m). Ha tre isole: Maggiore, Minore e Polvese. È zona di pesca e di turismo.

Alba, città piemontese in provincia di Cuneo, è famosa soprattutto come mercato del tartufo.

C Auguri ... e buon proseguimento!

Tema	Suggerimenti per praticare l'italiano
Materiale necessario	ATTIVITÀ INTRODUTTIVA: alcuni fogli formato A4

➡ **Attività introduttiva:** disegnate alla lavagna una tabella con quattro colonne: *Frasi belle, Frasi utili, Frasi gentili* e *Frasi difficili*. Consegnate i fogli formato A4 agli studenti e chiedete loro di ricopiare la tabella. Invitateli quindi a risfogliare il libro al fine di completarla con alcune frasi che gli sono piaciute per qualche ragione, che ritengono utili, gentili o magari impronunciabili. Lasciate un po' di tempo a disposizione e raccogliete i risultati scrivendoli alla lavagna.

Finalmente è fatta! Siamo arrivati alla fine di *Allegro 1*. Una bella tappa, fatta di impegno ma anche di soddisfazioni, un quadro che si è composto poco a poco ed ora finalmente si è acquisita una conoscenza di base della lingua italiana. Invitate gli studenti a ricordare gli episodi più simpatici o interessanti verificatisi durante le lezioni. Esprimete il vostro desiderio di continuare il cammino insieme e spronate gli studenti a sfruttare, anche fuori dalla classe, ogni occasione per perfezionarsi e intensificare il contatto con la lingua. Di seguito alcuni consigli. Gli altri fateli aggiungere agli studenti negli appositi spazi.

1 Ascoltare

- Guidare o stirare possono diventare più interessanti se nel frattempo si ascolta e riascolta il CD o la cassetta di *Allegro* ...
- La musica è uno dei prodotti della cultura italiana più esportati. Dai grandi successi della musica leggera all'opera, ce n'è per tutti i gusti. Fiumi di note e soprattutto di parole.
- La radio italiana è alla portata di tutti. Quanto alla televisione, chi possiede un'antenna satellitare riceve i programmi Rai e Mediaset, ma ci sono anche emittenti locali che propongono a volte trasmissioni in lingua italiana. Perché non dare un'occhiata più dettagliata ai programmi televisivi della giornata?

- Gli italiani sembrano aver subito una specie di diaspora e in ogni angolo del mondo, pizzeria o centro città succede di imbattersi nelle loro conversazioni. Perché non allungare l'orecchio e tentare di acchiappare qualche parola?
- ...

2 Parlare

- Gli studenti di italiano nel mondo sono tantissimi. Sicuramente ce ne sono anche nella propria cerchia di conoscenze. Perché non approfittarne e scambiare qualche parola in italiano ogni tanto?
- In italiano si dice *canta che ti passa*. Passa il tempo, passa la malinconia. Agli studenti potrebbe passare la paura di pronunciare parole in italiano. Cantare fa bene a tutto, alla salute così come alla conoscenza di una lingua!
- Leggere mentalmente è pratico e veloce. Ma leggere a voce alta i testi contenuti nel libro aiuta sicuramente a esercitare e migliorare la pronuncia!
- Contatti regolari: due culture che si incontrano e scambiano esperienze ed impressioni. Perché non farne un'abitudine, magari intorno al tavolo di un buon ristorante?
- ...

3 Leggere

- L'archivio mobile o i biglietti con i vocaboli hanno accompagnato il percorso di apprendimento. Tirarli fuori in autobus o nel tram fa arrivare prima alla meta linguistica e a destinazione!
- I giornali sono un ottimo veicolo per scoprire il volto attuale di un paese e le sue espressioni linguistiche. Comprare o prendere a prestito giornali italiani, sfogliarli, leggerne i titoli e qualche articolo dà grandi risultati.
- Internet è il mezzo più pratico e veloce. Basta un click e si aprono migliaia di finestre sul mondo italiano.
- ...

4 Scrivere

Tentare e ritentare in italiano non nuoce, al contrario:

- Mandare una cartolina o una e-mail in italiano a un conoscente o a un compagno di corso è una cosa diversa, utile e simpatica!
- I soliti appuntamenti nell'agenda, ma questa volta scritti in italiano.
- Cosa manca oggi: un pollo, il latte, l'insalata. Sembra di comprare altri prodotti se la lista è in italiano.
- Il mio *diario italiano*, dove scrivo piccole frasi, quello che ho fatto, di cosa mi sono occupato ...
- ...

ITALIA E ITALIANI

Tema	Italiani e acquisti, vacanze, feste e sagre

Procedimento: finalmente il testo di civiltà in italiano! È segno che siamo arrivati ad un traguardo. Fate notare questo progresso agli studenti, invitateli a ritornare ai ripassi precedenti in cui solo alcune parole in neretto erano in italiano mentre adesso siamo di fronte alla situazione contraria in cui solo alcune parole sono scritte in tedesco. Riflettete sull'importanza o sulla soddisfazione di confrontarsi con un testo sugli italiani scritto nella lingua originale. Suddividete la classe in tre gruppi e assegnate ad ognuno il compito di leggere uno dei tre paragrafi. Disegnate alla lavagna una tabella con tre colonne e scrivete in ognuna il titolo di uno dei tre paragrafi. Invitate gli studenti a leggere individualmente il testo che è stato loro assegnato e a discutere all'interno del gruppo delle informazioni contenute, di ciò che non è chiaro o delle eventuali informazioni che gli studenti possono aggiungere a quelle date, sulla base della loro esperienza o delle loro conoscenze. Al termine ogni gruppo riferisce sull'esito della propria lettura e discussione. Se ne avete la possibilità nel luogo dove si tengono le lezioni, recatevi nel centro informatico e collegatevi a Internet. Scegliete un motore di ricerca italiano, tipo Virgilio, e fate inserire ai gruppi le parole in neretto. Ormai siamo in grado di leggere informazioni anche sulle pagine elettroniche scritte in italiano e aggiungere sempre nuove informazioni a quelle che abbiamo. Se invece non potete farlo, assegnate comunque delle parole come «compito da svolgere a casa». Invitate gli studenti a raccogliere informazioni sui diversi argomenti. Durante l'incontro successivo ognuno potrà dire qualcosa a proposito, mostrare articoli o foto, raccontare le proprie esperienze.
L'appuntamento quindi è alla prossima volta. Con *Allegro 2*, per saperne sempre più su questi italiani e sul loro paese!

Bild- und Quellennachweis

S. 13: F. Capano, Napoli; **S. 21:** M.G. Tommasini, Stuttgart (links, 1., 2. u. 4. von oben); E. Nöldeke, Backnang-Steinbach (links 3. von oben und rechts oben); MEV (rechts, 2. u. 3. von oben); D. Shallis, Leonberg (rechts unten); **S. 23:** IAT, Senigallia; **S. 33:** A. Schmid, Kernen; **S. 36:** M. Rambaldi, Napoli; **S. 45:** F. Bresciani, Pietrasanta; **S. 55:** A. Schmid, Kernen; **S. 60:** Bell'Italia, n. 189, gennaio 2002; **S. 70:** Musei Civici Veneziani, Servizio Marketing Immagine Promozione, Venezia; **S. 81:** A. Schmid, Kernen; **S. 83:** Klett-Archiv; **S. 93:** B. Peters, Stuttgart; **S. 99:** Sapore di sale, Musik u. Text: Gino Paoli, © 1963 by Edizioni Musicali RCA Italiana SPA, Rechte für Deutschland, Österreich, Schweiz und Osteuropa (außer Baltikum): Edition Accord Musikverlag GmbH & CoKG; **S. 101:** Gino Cadeggianini, Viola Film, Ottobrunn (oben links und rechts, Mitte rechts); APT Venezia (Mitte links); M.G. Tommasini, Stuttgart (unten links); B. Peters, Stuttgart (unten rechts); **S. 105:** A. Schmid, Kernen